스웡 마이 스페인 & 포르투갈

스페인 & 포르투갈에 춤추러 가자

| 만든 사람들 |
기획 인문·예술기획부 · **진행** 신은현 · 한윤지 · **집필** 소리아 · 임화란 · 추야 · **편집·표지디자인** 원은영

| 책 내용 문의 |
도서 내용에 대해 궁금한 사항이 있으시면
저자의 홈페이지나 J&jj 홈페이지의 게시판을 통해서 해결하실 수 있습니다.
제이앤제이제이 홈페이지 www.jnjj.co.kr
디지털북스 페이스북 www.facebook.com/ithinkbook
디지털북스 카페 cafe.naver.com/digitalbooks1999
디지털북스 이메일 digital@digitalbooks.co.kr
소리아 이메일 trainhome@naver.com
임화란 이메일 duckran2000@hotmail.com
추야 이메일 lacryma83@naver.com

| 각종 문의 |
영업관련 hi@digitalbooks.co.kr
기획관련 digital@digitalbooks.co.kr
전화번호 (02) 447-3157~8

스 윙 마 이 스 페 인 & 포 르 투 갈

스페인 & 포르투갈에
춤추러 가자

글 & 사진 & 그림 소리아 / 임화란 / 추야

목차

파트너와 춤출 공간만 있다면 연습은 시작된다.

댄서 본능이랄까?

한 번이라도 춤을 배워본 사람이라면 누구나 공감할 것이다.

출발 전 프롤로그

[PROLOGUE]

프 ◆ 롤 ◆ 로 ◆ 그

캐릭터 소개

강박 철벽녀, 임화란

월급쟁이 생활이 제일 좋다는 부모님 말씀 잘 듣다, 서른 넘어서 회사 때려치웠다. 꿈 찾겠다며 헤매다 스윙 댄스를 추면서 춤바람이 단단히 들었다. 왜 춤바람인가 했더니 태풍 같던 열정이 미풍으로 사그라졌다. 바로 그 때 유럽으로 춤추러 가자는 친구들의 미끼를 꽉 물고 여행을 떠났다. 미국에 가면 전기톱으로 살해 당할까 걱정 이 됐지만, 유럽은 꿈과 낭만이 기다리고 있을 것 같았다. 해외 패키지여행만 다니다. 서른 중반에 친구들과 처음으로 한 달 배낭여행을 떠났다. 차 놓칠까, 길 잃어버릴까, 돈 잃어버릴까하는 근심 걱정을 캐리어에 담고 다니느라 보름 만에 체력이 떨어졌다. 체력이 떨어지고 나니 근심 걱정할 기운도 사라졌다. 그제야 우리의 목표였 던 게으른 여행이 시작됐다.

진지한 웰빙 허당, 소리아

다리로 하는 여행보다는 머리로 하는 여행을 좋아한다. 낯선 곳에 가기 보다는 익숙하고 편한 곳에 앉아 몽상 을 즐기는 것을 좋아한다. 서른 살 생일이 되면 나의 준세이를 만나려 피렌체 두오모 성당에 가겠다고 적금을 들 었다가 일상이 너무 만족스러워 떠나지 못했다. 새로운 것을 발견하고 뜻밖의 인연을 만나는 것이 인연이라면 매일 지나는 길도 충분히 여행이 될 거라고 생각했다. 하지만 이제 발로 밟고 손으로 만지고 어깨로 부딪히는 여 행도 해보고 싶다. 조금은 세상 밖으로 나갈 준비가 된 것 같다.

미남에 목마른 쉐프, 추야

직업은 일러스트레이터. 일상이라곤 집에서 그림그리기뿐인 사회성 결여 인간. 친구는 많지만 외출은 싫어 하는 게으른 집순이. 부족한 사회성을 기르기 위해 시작한 취미가 스윙댄스와 블루스. 벌써 7년간 해왔다. 과한 외모지상주의. 드립과 개그 날리는 것이 인생의 즐거움. 얼굴 밝힘증. 하지만 그래도 인생의 목표는 훌륭한 작 가가 되는 것. 부실한 체력 정도가 아닌 전신의 관절이 총체적 난국 그 자체인 종합병동. 그럼에도 불구하고 여 행을 사랑하는 히키코모리.

프 롤 로 그

인천에서 포르투갈로 가는 비행기 안, 휴대폰의 전원을 끄려는 순간 화란에게서 메시지가 왔다. "우리 저번에 갔던 포르투갈, 스페인 여행기로 책을 내고 싶다는 연락이 왔는데 괜찮아?" 어떻게 된 일인지 어리둥절했지만 당연히 괜찮다고 했다. 자세한 이야기는 한국에 돌아와서 하기로 하고 일단 휴대폰을 비행기 모드로 바꿨다. 우리의 이야기가 책으로 만들어진다면 어떨까. 기분 좋은 상상을 하며 비행기 좌석에 머리를 기댔다가 전에 뭐라도 적어 놓은 게 없을까 싶어 메모장을 뒤져본다. 심심할 땐 글을 끄적이는 편인데 저번 여행에는 어디 적어둔 글이 거의 없다. 정말 외로울 틈 없이 잘 놀다 왔나 보다.

출 발 전

준비하기

여자 셋, 유럽에서 한 달을 보내기로 결심하다

생김새도 성격도 하는 일도 각기 다른 여자 셋이 모여 유럽여행을 떠나기로 결심했다.

하지만 우리에겐 공통점이 있었으니…. 남의 말을 잘 듣는 듯 보이지만 '은근' 고집이 있다, 사람들과 잘 어울리는 듯하지만 알고 보면 사회 부적응자다. 그리고 어딘지 좀… 게으른 면이 있다.

겪어 보지 않으면 잘 모를 이런 점들이 우릴 한 데로 엮어줬는지도 모르겠다. 소셜 댄스 동호회에서 만난 우리는 사회 부적응자들 치고는 꽤 자주 모임을 가졌다. 비주류끼리 통하는 면이 있었달까. 인사하고 지내는 사람은 많으나 딱히 친한 친구는 없었던 나는 부담 없이 만날 수 있는 친구들이 생겼다는 게 좋았고 이들과 함께하는 여행은 분명 즐거운 일이 될 것 같았다.

"우리, 언젠가는 해외 댄스 페스티벌에 함께 가자!"

치음에는 미국에서 열리는 행사를 갈까 했으나 행사가 끝난 후 관광까지 고려하면 유럽이 더 나을 것 같았다. 그리고 정했다. 바로 10월 중순 바르셀로나에서 열리는 〈드래그 더 블루스 Drag The Blues〉에 가기로! 10월의 스페인이라니 꿈만 같았다. 스페인이라는 단어만 떠올려 봐도 남유럽의 햇살이 눈부시게 쏟아질 것 같지 않은가.

"그럼 우리 얼마나 머무를까?"
"최소한 일주일은 있어야겠지?"
"일주일은 좀 짧은가 그럼 보름?"
"이왕 가는 거 한 달 머물고 오지 뭐!"

그렇게 해서 출발 날짜를 10월 1일로 정했다. 나는 그날로 당장 티켓 예매 사이트를 뒤져 비행기 표를 예약했다. 결정은 느리지만 일단 정해지면 행동은 빠르다. 그때가 12월이었던가. 덕분에 10월 여행 가기 전까지 열 달 내내 누군가 올해 무엇을 할 거냐고 물어 보면 난 올 가을에 스페인으로 갈 거라고 말하며 설레 할 수 있었다.

여행의 백미는 여행 계획 짜기

일단 어디든 떠나기로 마음먹었다면 여행은 그때부터 시작인 것 같다. 어떤 루트로 여행할 것인가 어디에서 머물 것인가 무엇을 보고 올 것인가를 정하기 위해 고민하는 동안 마음은 이미 여행지에 도착해 있다. 아무리 가까운 사이라 해도 여행지에서는 꼭 싸움이 난다는데 셋이 한 달이나 낯선 땅에 머무르는데 어찌 한 번 얼굴 붉힐 일이 없을까.

우리는 그래도 최대한 즐거운 여행을 만들기 위해 나름의 원칙을 정했는데 그중의 하나가 '각자의 여행 취향을 존중해 줄 것'이었다. 그래서 우리는 그곳에 가면 무엇을 가장 하고 싶은지에 대해 많은 이야기를 나눴다.

"난 바다는 꼭 갔으면 좋겠어. 바닷가에서 해지는 걸 보는 게 소원이이야."
"스페인은 축구지! 축구 경기도 꼭 보고 싶은데…."
"난 와인을 실컷 마시고 싶어."

숙소를 함께 잡고 도시를 함께 이동하되 각자의 시간을 존중해 주기로 했다. 공동 경비를 걷어 식비와 교통비 등으로 함께 사용하되 각자의 기호식품을 사야할 땐 따로 결제하기로 했다. 우리 셋 다 허약체질인지라 많이 움직이면 금방 지칠 것을 감안해서 도시 간 이동도 최소로 하기로 했다. 부지런히 움직이면 빠듯하게 더 많은 도시를 보고 올 수 있을지도 모르지만 꼭 방문하고 싶었던 몇 개의 도시만 가는 것으로 일정을 정하고 숙소를 예약했다.

그렇게 정한 우리의 일정은 이렇다.

리스본도착 ⋯ 파로 ⋯ 세비야 ⋯ 그라나다 ⋯ 마드리드 ⋯ 바르셀로나

한 도시마다 대략 일주일 정도 머문다. 숙소는 에어비앤비와 한인민박을 이용했다. 두 달 전에 예약하는 건데도 괜찮다 싶은 숙소는 예약이 꽉 차있는 경우가 많았다. 그래도 리스본부터 바르셀로나까지 모든 숙소 예약 완료! 한인민박을 이용하는 그라나다 외에는 카드로 미리 결제하고 가는 것이기 때문에 현금을 쓸 일이 많아 보이진 않았다. 교통비와 식비 포함 하루에 30유로 이내로 사용하기로 예산을 책정했다.

스페인에는 소매치기가 많다는 이야기를 하도 많이 들어서 옷핀과 전대도 구입했다. 지퍼가 있는 곳에 옷핀을 채우면 안전하다는 말에 가방에 달린 모든 지퍼마다 옷핀을 채웠다. 나중에 알고 보니 예전엔 집시들이 옷핀이라는 낯선 도구를 열 줄 몰랐지만, 지금은 다들 옷핀 사용법을 알고 있으니 방심하면 안 된다더라. 전대는 아무리 생각해도 패션의 적인지라 옷 안에 채울 수 있게 가장 얇은 것을 골라 인터넷으로 주문했다. 그런데 막

전대 # 돈걱정은굿바이 # 도둑저리가 # 커스텀전대

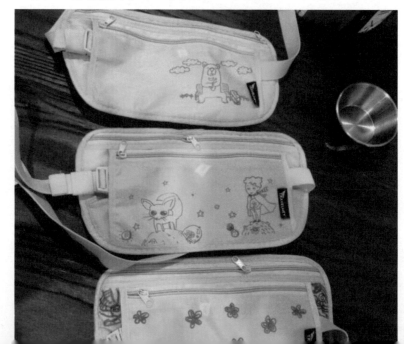

스페인 & 포르투갈길에 춤추러 가자

상 여행지에서 보니 허리에 살짝 늘어트리듯 전대를 두른 모습이 멋있어 보이는 사람도 있었다. 역시 중요한 것은 '무엇'이 아니라 '어떻게' 인가.

똑같은 전대 세 개가 도착했기 때문에 전대에 그림을 그려 각자의 것을 표시했다. 나는 그림 그리는 것에는 취미가 전혀 없는 사람이지만 다른 둘은 책상만 있으면 스케치북을 펼쳐 놓고 드로잉을 시작하는 그림쟁이들이었다. 덕분에 내 전대에 두 사람의 그림이 모여 평범한 전대가 그럴싸한 것이 되었다. 나는 이 순간이 가장 좋았다.

여행 전에 정리할 것들

길다면 길고 짧다면 짧은 시간이지만 한 달 동안 꼬박 한국을 떠나는 것이기 때문에 정리하고 가야할 것들이 있었다. 아마 대부분의 사람들이 떠나고 싶어 하면서도 떠나지 못하는 이유 중 하나는 이게 아닐까? 바로 직장 말이다.

사실 비행기표를 끊고서부터 지금 하는 일은 정리해야겠다고 마음먹었다. 보람도 있고 페이도 괜찮았지만 다 정리하고 새롭게 시작하고 싶은 마음도 있었다. 하지만 그렇다고 해도 잘 다니던 곳을 그저 여행가겠다는 이유만으로 정리하는 게 쉬운 결정은 아니었는데 한 달을 남겨 두고 잠시 다녀올 데가 있어 일을 그만 두겠다고 말했더니 그만 두지 말고 한 달 뒤 다시 돌아오라는 답이 왔다. 정말 고맙다는 생각이 들었다. 한 달간 집을 비우는 것도 걱정이었는데 아는 동생이 내가 떠나 있는 동안 우리 집에서 생활하고 싶다고 연락해 왔다. 나야 집을 돌봐줄 사람이 생겼으니 당연히 그러라고 했다.

모든 것이 너무 쉬웠다. 너무 쉬워서 이상했다. 이렇게 간단한 것을…. 그저 내가 하겠다고 말하기만 하면 되는 것을 이렇게나 오랫동안 미뤄두고 있었던 것이다. 사실 일을 막 하기 시작했을 때부터 서른 살 생일이 되면 꼭 유럽 여행을 떠나리라 마음을 먹고 적금을 들었었다. 그 꿈을 서른 중반을 넘어선 이제야 이룬다. 정말로 모두가 힘을 모아 나의 여행을 지지해주고 밀어주는 듯한 기분이었다. 정말로 원하는 일을 하면 온 우주가 힘을 모아 도와준다는 것이 이런 것일까(고작 한 달 여행에 우주 나온다). 하지만 정말 그런 절묘한 타이밍들이 없었다면 이렇게 쉽게 떠나지 못했을 것이다.

출발 전에는 사소한 모든 것이 다 고민거리다. 배낭을 멜 것인가 캐리어를 들고 갈 것인가. 카메라는 들고 갈 것인가 말 것인가. 옷은 몇 벌이나 넣어야할. 예쁜 옷을 가져가면 입을 일이 있을까. 겨울옷이 필요할까 여름옷이 더 필요할까. 그렇게 사소한 것들에 대해 사뭇 심각하게 고민한 끝에 24인치 캐리어와 배낭 하나를 꽉 채웠다. 커다란 DSLR 카메라도 목에 걸었다. 그리고 낑낑대며 지하철을 타는 순간부터 가방을 당장 집으로 부쳐버리고 싶은 마음을 달래며 공항에 도착했다. 그때 결심했다. 다음 여행은 최대한 가볍게 또 가볍게 움직이리라. 아마 다음 여행에서도 같은 결심을 하게 되겠지만 말이다.

공항에 도착해서 일행을 만났다. 다들 캐리어가 묵직하다. 나만 이렇게 잔뜩 챙겨온 게 아니구나. 바늘 하나도 더 들어가기 힘들 정도로 빵빵한 가방들을 보니 웃음이 나왔다. 그래 가방의 무게는 설렘의 무게겠구나. 셋이 함께 떠나는 첫 여행의 기대감이 가방의 크기만큼 부풀었다. —— 소리아

알코올보다 카페인

커피숍에서 수다 떨다, 호기심 반 농담 반으로 이야기했던 블루스 여행을 떠나기로 했다. 한참 인생의 침체기에 서 있었다. 그렇게 좋아했던 춤바람이 어느새 잦아들었다. 그림 그리다 슬럼프가 와도 밤새 춤 한 번 추면 세상이 다시 빛나 보였던 때가 있었는데, 눈을 씻고 찾아봐도 재밌어 보이는 일이 하나도 없었다.

어릴 적 막연한 꿈인 그림을 그리며 살겠다고, 서른이 갓 넘어서 새로운 도전을 했다. 처음 3년은 꿈을 이룰 수 있을 것이라는 기대에 부풀어 하루하루가 행복했다. 게다가 춤을 통해 마음에 맞는 새로운 친구들을 만나서 더 즐거웠다. 춤을 춘 것도 나의 그림에 도움이 될까 싶어서였다. 아마 그림을 시작하지 않았다면 춤을 출 생각도 하지 못했을 것이다.

꿈이 현실이 되자, 현실적인 문제가 하나, 둘 보이기 시작했다. 이 길을 선택하기 전에 생각해 봤어야 하는 문제들이었는데, 그때는 이 문제들이 전혀 문제처럼 보이지 않았다. 현실이 되어버린 꿈속에서 방황하고 있을 때, 친구들의 여행 제안은 나에게 새로운 자극이 되었다.

커피숍에서 웃고 떠들며 여행에 대한 이야기를 할 때 한껏 부풀었던 기대와 흥분이 집으로 돌아오는 버스 안에서 펑 터지고 말았다. 갑자기 간당간당한 통장잔고에 대한 걱정이 밀려왔다. 언제 일이 들어올지 모르는데 이렇게 막 질러도 될까 싶었다. 은근히 술자리 이야기처럼 지나가기를 바랐다. 그렇게 열을 내면서 가자고 했는데, 언니 된 체면에 돈 없다고 꼬리 내리기는 싫었다.

술자리가 아니라 커피를 마셔서 그랬을까? 우리의 여행 이야기는 흘러가지 않고, 더 구체적으로 만들어졌다. 만날 때마다 간다고 이야기 했지만, 망설이는 마음이 컸다. 한 번뿐인 인생 하고 싶은 거 하고 살자는 마음이 올라오다가, 집에서 혼자 있으면 이런저런 걱정으로 다음 기회로 미룰까 싶은 마음도 같이 올라왔다. 이렇게 왔다 갔다 하는 내 마음을 눈치 챘는지 소리아에게 메시지가 왔다. 내가 원한 항공사에서 싼 항공권이 나왔다며 비행기 표를 예매했다는 내용이었다. 소리아의 발 빠른 예매 덕에 왔다 갔다 하던 마음이 정리가 되었다. 인생 모 아니면 도지. 돈은 여행이 아니더라도 사라질 일투성이지만 여행은 내 기억과 마음속에 남아있겠지. 여행을 갔다 와서 플러스 인생이 되는지 마이너스 인생이 되는지 지켜보기로 했다.

이런 나의 마음을 하늘이 알았는지, 큰 덩어리의 일러

스트 의뢰가 들어왔다. 정말 딱 한 달 여행경비였다. 마감도 10월 여행가기 전, 딱 9월 말까지였다. 일을 시작하기 전에 담당 편집자에게 여행에 대해 말했더니 자유롭게 떠날 수 있는 작가님이 부럽다며 나의 일정을 최대한 배려해 줬다. (이 직업에 대한 회의가 밀려오다가도 이런 자유로움에 길들여져서 취직을 못하겠다.) 사계절 중에 제일 좋아하는 여름이 오는지 가는지 모르게 작업에 몰두했다. 작업을 하느라 여행에 대한 계획이나 설렘은 느낄 새도 없이 시간이 흘렀다. 뜨거웠던 여름은 지나가고 추석이 지나자마자 우리는 리스본으로 가는 비행기에 몸을 실었다. 비행기는 내가 좋아하는 독일항공사를 선택했다. 밥값이나 여행경비를 줄이는 한이 있더라도 좀 괜찮은 비행기를 타고 가자고 내가 강력하게 요구했다. 불편한 좌석에 오래 앉아 있으면 나의 좌골신경통이 다시 도질 것 같았다. 고맙게도 나의 의견이(반강제적인 언니의 의견이라서 그럴지도 모르겠지만) 받아들여졌다. 비행기 좌석에 앉아 맛있는 기내식과 함께 독일맥주를 마시는 순간이 되서야 심장이 뛰었다.　　── 화란

여행의 맛은 기내식!

\# 기내식 \# 맛있어 \# 술안주로 딱 \# 간이 허락하는 한 계속 마시기

여행 시작하기

"미남을 봐야겠다."라는 생각으로 여행을 시작했다…는 농담이고 춤을 추기 위해 여행을 떠났다.

우리가 추는 춤은 스윙과 블루스인데, 이 춤의 본고장은 미국임에도 불구하고 내가 굳이 유럽을 선택한 건, 잿밥 때문이었다. 잿밥은 당연히 잘생긴 유럽남자를 구경하는 것.

그림 그리는 사람으로서, 아름다운 사람을 영상으로 밖에 만난 적이 없다는 것이 말이나 되느냐?라는 이상한 강박관념에 여행을 계획했다. 우리나라의 아름다운 남자들은 실제로 볼 수 없으므로. 미남을 가깝게 실제로 볼 수 있다는 그 곳.

풍성하게 기른 수염. 구릿빛 피부. 깊은 눈. 섹시한 남유럽 남자를 내 생눈으로 봐야 한다는 사명감이 나를 움직이게 만들었다.

사실 이탈리아가 더 미남이 많다는 이야기는 들었지만(?)

우리가 꼭 가보고 싶은 〈드래그 더 블루스 Drag The Blues〉라는 행사가 스페인 바르셀로나에서 열렸기에 스페인으로 망설임 없이 정했다.

우리의 여행에서 꼭 지켜야 할 것들은 다음과 같았다.

1. 게으르게 여행하기
2. 한국에서 안하는 위험한 짓은 외국에서도 하지 않기
3. 돈을 최대한 절약하기
4. 서로 싸울 것 같으면 따로 다니기, 돌아오는 비행기에서 화해하기

하지만 인생은 계획한 대로 흘러가지 않는 법.

그래도 세상 일이 뜻대로 되지는 않는다는 걸 아는 나이 정도는 되었으니.

어쨌건 비행기는 떠올랐다.

루프트한자 기내식은 맛있구나. —— 추야

예상치 못한 즐거움으로 가득한 도시

[LISBON]

리 ◆ 스 ◆ 본

예상치 못한 즐거움으로 가득한 도시

시차적응을 빨리할 수 있는 방법

저녁 10:33. 드디어 리스본 공항에 도착했다.

어딘지 묵직하고 습한 남쪽의 공기가 느껴졌다. 밤이라 숙소를 어떻게 찾아가야할지 난감했는데 다행히 숙소 주인이 공항에서 픽업해주기로 했다. 하지만 여행 초보인데다 자타공인 길치인 셋이 모였기에 그리 크지 않은 리스본 공항에서 숙소 주인을 만나는 것이 생각만큼 간단한 미션은 아니었음을 밝혀 둔다.

어렵사리 만난 그녀의 이름은 레나타, 검은색 아우디를 몰고 나타난 그녀는 우리 셋 다 큰 가방을 들고 있어서 당황한 듯 했다. 레나타의 차에는 아이 용품이 잔뜩 있었는데 우리의 짐이 이렇게 많으리라고 예상하지 못했다는 것이다. 우리의 여행이 포르투갈에서 스페인까지 이어진다는 걸 설명하고 유아용 시트 틈에 끼어 차에 올라탔다.

우리의 영어 실력 또한 길 찾기 능력과 다를 바가 없음을 또 밝혀 둬야겠다. 공항에서 레나타의 집까지 10분도 안 걸리는 거리였을 텐데 어떻게든 대화를 이어가기 위해 서로가 얼마나 노력했던지 사회성 제로인 나로서는 스스로가 대견스럽게 여겨질 정도의 굉장한 노력이었다.

하지만 덕분에 레나타와 우리의 공통점을 찾았다. 레나타도 일주일에 두세 번 춤을 추러 간다는 것이다. 그녀가 즐기는 춤은 아프로 음악에 맞춰 추는 '키좀바'였다. 한국에서도 키좀바가 막 유행하던 참이라 궁금했던 우리는 어디서 그 춤을 추 수 있는지 물었다. 그러자 레나타가 웃으며 대답해줬는데 우리 숙소 바로 앞에 클럽이 있다는 것이다. 그리고 월요일과 일요일에 춤을 추는데 오늘이 마침 월요일이니 오늘 밤 추러오면 되겠다고 했다. 우리는 환호했다. 그리고 숙소에 도착하자마자 한 번 더 환호성을 질렀다. 레나타가 손으로 가리키는 키좀바 클럽은 우리 숙소 바로 앞에 있었던 것이다. 그야말로 문 앞에 예상치 못한 즐거움이 있다.

첫날부터 너무나 기대된다.

바로집앞   # 키좀바   # 깔레마클럽   # 하지만못갔지   # 잠이_웬수

짐을 풀자마자 옷부터 꺼내 거울 앞에 비춰봤다.

"키좀바엔 어떤 옷이 어울릴까."
"이건 어때?"
"언니, 이따 우리 화장도 좀 하고 가요."

나름대로 입고 갈 옷도 정하고 레나타가 주고 간 레몬 케이크도 먹고 났더니 스르르 졸음이 찾아온다.

"어차피 거기도 밤늦게야 시작할 텐데 뭐…."
"우리 조금만 자고 갈까?"

17시간의 비행을 막 끝냈으니 피곤한 것도 당연했다. 정말 잠깐만 자고 나오기로 하고 방으로 들어가 불을 껐다. 가로등 불빛도 차가 지나다니는 소리도 들리지 않는다. 그야말로 칠흑 같은 어둠 속에서 기절하듯 잠들었다.

자다가 일어나 키좀바 댄스 클럽에 가기는커녕 그대로 아침을 맞았다. 덕분에 시차 적응은 하루 만에 거의 완벽하게 잘 했다는….

뜰이 있는 집에 사는 기쁨

아침에 눈을 뜨고 깜짝 놀랐다. 어제는 밤에 도착해서 알지 못했는데 부엌문을 통해 안뜰이 연결되어 있었다. 비밀의 정원이라도 들어서는 기분으로 덧문을 열고 조심스레 하얀 계단을 따라 내려갔다. 짙은 초록색 잎으로 뒤덮인 커다란 레몬 나무 사이로 성기게 직조된 해먹이 보인다. 어디서 왔는지 빨간색 목줄을 한 줄무늬 고양이가 다가와 내 다리에 제 몸통을 쓱 스치듯 비비며 지나간다. 쪼그려 앉아 머리를 쓰다듬어 줬더니 그대로 바닥에 누워 구르며 애교를 부린다. 아래층 할머니가 키우시는 고양이 같은데 우리가 뜰에 나올 때마다 쪼르르 따라와 옆에서 함께 놀았다. 추야가 뜰에 있는 레몬 나무에서 레몬 하나를 따서 레모네이드를 만들어 줬다. 아침과 저녁은 집에서 요리해 먹었는데(요리는 추야 담당) 설거지할 때 부엌 창밖으로 하늘이 보여 좋았다. 부엌 창 밖 풍경이 아름답다면 설거지 시간조차 즐거울 수 있구나 생각했다고 화란이 말했다.

—— 소리아

\# 레몬 나무 정원

리스본 - 익숙한 듯, 아닌 듯

설익은 베개와 낯선 이불의 냄새를 맡으며 살며시 잠에
서 깼다. 눅눅한 침대에 약간의 한기가 온몸을 감쌌다. 순
간 여기가 어디지? 하고 생각하다가 번뜩 정신이 들었다.
빼꼼 이불 밖을 내다보니 깜깜했다. 아직 새벽인가 싶어
창문을 쳐다봤다. 두꺼운 커튼이 내려 있었다. 옆에 소리
아는 아직 자고 있는지 작은 움직임도 없이 숨소리만 들

렸다. 나는 다시 이불속으로 얼굴을 파묻었다. 발가락을 꼬물락거리며 다시 잠을 청했다.

지난 밤, 포르투갈에 있는 리스본 포르테라 공항에 설레는 마음으로 도착했을 때는 늦은 밤이었다. 캐리어를 끌고 공항을 나서면 이국적인 도시의 밤거리가 눈앞에 좌~아악 펼쳐져 있을 줄 알았는데, 그냥 깜깜했다. 오히려 제주공항이 야자수가 눈앞에 보여서 더 이국적이다. 숙소 주인이 도착 시간에 맞춰 우리를 데리러 온다고 했다.

난 자유여행을 하고 있는데 숙소와 교통편을 같이 간 친구들이 도맡아 다 예약했다. 삶에 대한 수동적인 자세를 버리고 능동적이고 독립적인 나를 찾기 위해 떠나기로 결심했던 자유여행이 첫 단추부터 중요한 걸 미룬 느낌이 들었다.

비행기에서 내리자마자 나는 망상에 빠져 불안에 떨고 있었다. 이 늦은 시간에 우리가 숙소 주인과 만날 수 있을까? 숙소 주인이 납치범이면 어떻게 하지? 아니면 기다리다가 다른 사람들한테 납치당하는 거 아니야? 그 말로만 듣던 눈 빼가고 장기 빼가고 그런 일이 일어나면?

같이 온 친구들과 이야기를 나누면서도 한쪽에서는 온갖 잡생각이 떠올랐다. 그때 조그마한 검은색 차가 다가왔다. 몸집 좋고 수수한 외모의 여인이 차에서 내렸다. 그녀가 바로 우리 숙소 주인 레나타였다. 숙소를 예약한 소리아가 그녀에게 다가가 인사를 건넸다. 그녀가 몰고 온 아우디 트렁크에 우리 셋의 짐을 넣기에 많이 부족했다. 뒷좌석에 한 달간 끌고 다닐 캐리어를 안고 낑낑거리며 올라탔다. 이렇게 낑낑거리는데도 숙소 주인은 멀뚱히 서 있기만 했다. 캐리어를 안고 몸을 구겨 넣어 자리에 앉자 안도감이 밀려왔다. 납치를 이렇게 힘겹게 당할 것 같진 않았다.

차를 타고 가는 동안 소리아와 추야는 숙소 주인과 영어로 대화를 이어나갔다. 분명히 영어인건 알겠는데, 난 거의 알아듣지 못했다. 5년 전 스위스 여행할 때만 해도 이 정도까진 아니었는데, 아는 영어가 나와도 말을 이해하는 게 더뎠다. 처음엔 나도 대화에 동참하여 이야기를 하려고 했지만, 영어 울렁증이 밀려와 포기했다. 중간 중간 추야에게 무슨 이야기인지 물어보기만 했다. 캐리어에 얼굴을 기대며 창밖을 내다 봤다. 어둠 속에 가로등만 도로를 비추었다. 왠지 우리나라 지방의 소도시를 달리는 기분이 들었다. 열 시간 넘게 비행기를 타고 왔는데 지방 소도시라니. 첫날의 포르투갈은 소박한 모습 때문에 나에게 약간의 실망감을 안겨 주었다.

차는 한적한 주택가에 도착했다. 오렌지 빛 가로등이 가만히 우리를 비춰 주었다. 길고양이 한 마리 울지 않는 적막함 속에 캐리어 끄는 소리가 터져 나갔다. 숙소 주인이 두꺼운 철문을 열고 불을 켜자 3박 4일 동안 지낼 보금자리가 우리를 맞이했다. 레몬색으로 칠한 거실과 하늘색으로 칠한 침실을 보자 해외로 나왔구나 하는 실감이 그제야 밀려왔다. 숙소 주인은 환영의 뜻으로 레몬케이크 한 봉지를 주고 갔다. 차 탈 때의 서운함은 케이크를 먹으면서 달콤하게 사라졌다. —— 화란

포르투갈 마트 정복기

일주일 식비로 20유로씩 모았다. 그리고 근처 마트에 가서 장을 봤다. 얼마나 신났는지.

집 앞에 있는 작은 가게에서 여러 종류의 과일도 샀다. 과일은 여기서 사는 게 훨씬 저렴하고 맛있다.

\# 단골과일가게

계란, 소시지, 망고, 오렌지, 토마토, 루꼴라, 우유에 쌀로 만든 죽까지. 추야가 한상 가득 차려준 든든한 아침 식사를 먹고 본격적으로 여행에 나섰다.

좌충우돌 리스본 시내 관광

셋이 함께 다니다 보면 자연스레 역할 분담이 생긴다.

유심카드를 장착한 추야는 길 찾기 담당, 대담한 면이 있는 화란은 바디 랭귀지 담당, 관찰력과 참을성이 많은 나는 그곳에… 존재했다. 우리 셋의 첫 번째 목적지는 로시우 광장, 화란이 챙겨온 여행 책자를 보니 지하철을 타고 로시우역에 내리면 된다. 그런데 지하철역을 찾는 것부터 쉽지 않았다. 구글맵은 여기 어디가 지하철역이라고 표시하는데 거기가 어디인지 도무지 알 수가 없다.

주변을 계속 빙글빙글 돌다가 지나가는 사람에게 묻기로 했다. 지하철이 뭐지? 서브웨이인가? 마침 옆을 지나가시던 백발의 할아버지에게 서브웨이스테이션이 어디 있는지 물었다. 할아버지는 조금 당황하시는 듯싶더니 따라오라는 손짓을 한다. 우리는 할아버지께서 직접 지하철까지 안내해주시나 보다 하고 좇아갔다. 그런데 우리를 잡지를 파는 길거리에 있는 작은 상점 앞으로 데려갔다. 알고 보니 할아버지는 영어를 못하고 우리는 포르투갈어를 못하니 통역해줄 사람을 찾아 나섰던 것. 우리는 다시 서브웨이 스테이션이 어디 있는지 물었다. 하지만 상점 아저씨도 서브웨이란 말에 고개를 갸웃거린다. 지하철이 영어로 서브웨이가 아닌가? 바디랭귀지를 총 동원한 설명에 아저씨가 트레인?하고 되묻는다. 아 여기서는 지하철을 트레인이라고 하나보다. 우리는 맞다고 끄덕이고 아저씨의 손짓을 따라 위쪽으로 걸어갔다 그리고 우리가 헤맸던 바로 그곳으로 다시 돌아오게 되었다.

이번엔 좀 젊은 사람에게 물어보자. 횡단보도를 건너오고 있던 분홍 원피스를 입고 있는 아가씨에게 트레인 스테이션이 어디 있는지 물었다. 그녀는 귀찮은 듯 손을 들어 앞쪽코너를 가리켰는데 지하보도는 있으나 공사 중인지 통로가 막혀 있었다. 여기 지하철 역 폐쇄된 거 아냐? 우리 이제 어디로 가지? 지하철을 타기도 전부터 울고 싶은 심정이었으나 한 번더 길을 물었다. 그리고 찾았다. 사실 우리는 계속 지하철 역 앞에 있었다. 입구를 찾지 못했을 뿐. 우뚝 솟은 기둥 위로 네모난 빨간색 상자가 있었다. 빨간 바탕위에 하얀색 글씨 대문자 M이 선명하게 새겨져 있었다. 메트로의 M이었다. 지하철역을 찾을 때는 메트로를 외치면 되는 것이었다.

힘겹게 지하철 역사 안으로 들어 왔으나 발권기 앞에서 우리는 또 한 번고민해야했다. 화란이 포르투갈 여행 책자를 꺼내 읽기 시작했다.

"…리스본의 대중교통…. 리스보아 카드를 이용하면 편리하다. 교통비는 1.25유로 정도이며… 교통카드를 미리 사야하는 거 아냐?"
"아니야, 여기서도 구입할 수 있는데 이 중에서 뭘 골라야 하지?"

우왕좌왕하고 있을 때 역 직원이 다가와 어디로 가느냐고 물었다. 로시우 광장에 간다고 했더니 발권기를 이용해 표를 구입하는 법을 상세히 알려준다. 리스보아 카드가 없을 경우 0.5유로를 내고 카드를 구입하며 원하는 횟수만큼 충전해 사용하는 것이다. 우리 셋의 표를 구입해준 직원은 어느 방향으로 가야할지도 알려주었다. 우리는 쌩큐를 외치며 지하철을 탔다. 여행 전 스페인어 공부 좀 하고 가느냐는 질문에 하나도 하지 않아서 걱정이라고 대답했더니 '미녀 셋이 가니까 앞 다투어 도와주려고 할 걸요, 걱정은 말아요.'라고 스페인에서 살고 온 친구가 말해줬는데 정말 우리가 미녀라 그런가 잠시 으쓱해졌다. 물론 지하철 직원 분은 누구라도 그렇게 도와줬을 것이다. 하지만 잠시라도 우리가 미녀여서 도와 준 거라고 믿고 싶었다.

그렇게 무사히 지하철을 탔다. 하지만 마지막까지 긴장을 늦출 수 없었다.

화란은 혹시나 내릴 곳을 지나치지는 않을까 잔뜩 긴장하며 정거장 하나 지날 때 마다 전광판과 노선도를 확인했다. 추야와 나는 화란을 믿고 마음껏 수다 삼매경에 빠졌다. 덕분에 무사히 로시우 Rossio 역에 도착. 어디로 나가야 할지 두리번거리다 출구 표시를 찾았다. 평소에는 전혀 의식하지 못했는데 낯선 도시에 오니 입·출구 표시가 그렇게 소중할 수가 없다. 출구 Saida 표시를 따라 걸어가니 드디어 밖이 나온다. 사진 속의 장소와 흡사한 것이 우리가 제대로 찾아오기는 한 것 같다.

자, 이제 진짜 관광객이 되어 보자!

이제 어디로 갈까.

여행 책을 펼쳐 가고 싶은 곳을 찜했다. 상 조르제 성도 좋아 보이고 코메르시우 광장도 괜찮을 것 같다. 에그타르트와 바칼라우도 한번은 꼭 먹어봐야겠다. 10월 초 리스본의 햇살은 뜨거워서 광장에 서서 책을 훑는 동안 슬슬 더워졌다. 일단 움직이자! 그리고 코메르시우 광장 쪽으로 움직였다. 코메르시우 광장으로 향하는 아우구스타 거리는 타일 장식이 독특한 오래된 건물 아래 상점들이 즐비하다. 사람도 많고 구경거리도 많아 활기차다. 청량한 하늘과 햇살을 받아 반짝 거리는 자갈 바닥까지 모든 것이 아름다워 보이기만 한다. 셀카봉을 꺼내 셋의 사진을 열심히도 찍었다.

장인의 섬세함이 느껴지는 포르투갈 접시

\# 파란하늘 \# 코메르시우 광장

개선문을 통과해 코메르시우 광장에 도착! 광장의 규모가 압도적이어서 저절로 감탄이 쏟아졌다. 말을 탄 동상 너머로 테주 강이 한눈에 보인다. 우린 "바다다!!"라고 외치며 뛰어 갔지만 발을 담글 물이 없다. 테주 강 주변은 비둘기와 관광객들로 붐볐고 우리는 그 사이에 맥없이 끼어 있었다. 이제 햇볕은 뜨겁고 몸은 지치고 왠지 기분도 아래로 쳐지는 듯했다. "배고프다…." 누군가의 입에서 터져 나온 한마디로 알았다. 이 왠지 모를 기운 없음의 정체가 배고픔이었다는 것을.

\# 포르투갈 첫 외식_연어구이와 감자

점심을 먹고 힘을 내어 언덕에 올랐다. 계속 언덕을 올라야 해서 걸어 다니기 조금 힘들기도 했지만 사실 이 언덕이 리스본을 더 매력적인 도시로 만들어 주고 있었다. 언덕 끝에 올라서 오래된 양식의 건물들과 푸른 테주 강을 한눈에 내려다보고 있자면 눈에 보이는 모든 것이 너무 아름다워서 꿈을 꾸고 있는 듯한 착각이 들 정도였다.

\#   낮은 건물 너머로 테주 강의 푸른 물이 보인다. 꿈을 꾸는 듯 아득하다.

\#   리스본 대성당 앞 계단에 앉아서

마침내 언덕 끝에 있는 상 조르제 성에 도착했다. 성벽 너머로 테주 강과 리스본 전체가 한 눈에 내려다보인다. 한적하고 여유롭게 걸어 다니기 좋았다. 성 안에는 공작새가 살고 있는데 관광객들 틈을 우아하게 누빈다. 뭔가 먹고 있으면 성큼 성큼 다가온다. 뭐라도 내 주지 않을 수가 없다.

\# 상 조르제 성 안에 사는 공작새, 음식을 먹고 있으면 슬금슬금 걸어온다.

\# 상 조르제 성의 성곽

\# 산타루치아 전망대

탑에 올라 알파마 지구를 내려다보며 화란이 멀리 보이는 하얀색 건물(산타 엥그라시아 성당 Church of Santa Engracia)에 가보고 싶다고 했다. 저 건물이 무엇일까 한참 고민하다가 내려가는 길에 찾아지면 가고 아니면 말기로 했다. 사실 상 조르제 성당 찾는데도 꽤 많이 헤맸던 터라 잘 찾아갈 자신이 없기도 했고 슬슬 다리도 아파오기 시작했다.

해질녘에 트램을 타고 도시 한 바퀴를 돌았다. 아우구스타 거리 쪽에서 트램을 탔더니 사람이 너무 많아 서서 가야 했다. 자리에 앉아 시내 구경을 해보고 싶어서 종점에서 기다렸다가 연달아 두 번을 탔다. 트램을 타고 도시를 두 번이나 왕복했더니 어느덧 밖이 어둑어둑해졌다. 좁은 언덕을 올라갈 땐 제법 스릴도 느껴진다. 이제 트램은 실컷 탄 것 같다. 하지만 오래된 창문을 통해 스쳐가는 오래된 도시의 아름다움은 몇 번을 봐도 질리지 않을 것 같았다.

—— 소리아

발길 닿는 데로 가니 모두 다 여행지

아침에 일어나 흐릿한 하늘을 보고 비가 올까 조금 걱
정했다. 리스본에 도착해 하늘을 보니 구름에 가려졌던
파란하늘이 보였다. 가을답게 높고 푸른 하늘 아래 리스
본의 모습이 드러났다. 무계획이 계획이라 일단 리스본
여기저기를 발길 닿는 데로 돌아보기로 했다. 먼저 길을
따라 죽 걸었다. 돌길은 대서양의 해변까지 시원하게 죽
뻗어있었다(라고 생각했는데 나중에 알고 보니 테주 강
이였다).

리스본 양식일까? 길 양 옆에 세워진 건물 중에 문양이
들어간 타일 외벽의 모습은 묘하게 동양스러운 느낌을
풍긴다. 장난감 같은 트램이 언덕을 올라가거나 내 옆을
지나갈 때면 어린 시절 만화영화에서 보았던 장면이 생
각나 나도 모르게 피식 웃음이 나왔다. 바람돌이가 아이
들의 소원을 들어주면서 석양을 향해 떠나는 장면이었는
데, 나도 소원을 빌며 저 트램을 타 봐야겠다. 유명한 관
광지라 그런지 상점마다 리스본과 관련된 상품과 우리나
라에 흔치 않은 디자인의 제품들이 전시되어 있었다. 나

같이 주머니 얇은 여행자에겐 현혹되어서 덥석 물면 안 되는 낚시꾼의 미끼 같은 존재들이다.

　로시우 광장이 햇빛에 반사되어 눈이 부셨다. 하얗게 빛나는 광장을 가로질러 동 페드로 4세 동상 앞에 셋이 모여 인증샷을 찍었다. 어떻게 해서든 동 페드로 4세도 보이게 하려고 이리 돌고 저리 돌며 함께 찍었다. 억지로 미소를 짓지 않아도 나도 모르게 환한 미소가 피어났다.

\#　쌍쌍한 첫날　\#　아직은_뽀얀 피부

광장을 걷다가 문득 이곳에서 열린 스윙을 하면 참 재미있을 것 같다는 생각을 했다. 취미로 소셜 댄스를 추기 시작하면서 광장이나 마룻바닥을 보면 나도 모르게 파티를 열고 싶다는 충동이 일어난다. 강바람이 부는 광장에 재즈밴드의 라이브 공연에 맞춰 춤을 추면 정말 신날 것 같다. 어쩌면 이곳에서 스윙을 추는 사람은 내가 상상한 대로 파티를 열고 춤추며 살고 있을지도 모르겠다.

본격적인 관광은 점심을 먹고 나서 하자고 했다. 나는 여행지에서 먹는 곳이 바로 맛집이란 생각에 맛집에 대한 검색은 하나도 하지 않았다. 리스본의 대표 음식도 몰랐다. 길을 가다가 다른 집보다 사람들이 많이 앉아 있는 노천식당에 앉았다. 인도 사람인 듯한 웨이터가 우리를 맞이했다. 리스본의 첫 음식이다. 무엇을 먹을까 메뉴판을 들춰 보았는데, 도통 뭐가 맛있는지 알 수가 없었다. 일단 가장 익숙한 요리재료가 눈에 들어왔다. 영어로 독해가 가장 빠른 닭고기Chicken와 돼지고기Pork, 연어Salmon를 선택했다. 한 접시 가득 샐러드와 같이 나온 고기와 생선 요리로 든든하게 배를 채웠다. 우리는 안전하고 즐거운 여행이 되기를 기원하며 건배를 했다. 싸워도 돌아가는 비행기 안에서 꼭 화해하자는 우리의 다짐도 잊지 않았다.

숙소 주인이 준 리스본 지도를 펼쳤다. 관광 지도답게 중요한 관광명소들이 눈에 띄게 잘 표시 되어 있었다. 내가 서 있는 자리에서 제일 그럴듯해 보이는 곳을 향하여 걷기 시작했다. 언덕이 많다고 하더니 계속 오르막길을 걸어 올라갔다. 도시를 걷는 것이 아니라 산을 올라가는 기분이 든다. 나의 약골체력은 걸을 때마다 어디 편히 쉴 만한 곳이 없나싶어 부지런히 눈을 돌렸다. 먼지 앉은 벤치에 앉았다가, 좁은 골목 닫혀있는 상점 앞에 앉았다가 그냥 벽에 기대기도 하면서 올라갔다. 쉴 때마다 보이는 리스본의 골목풍경을 찬찬히 바라봤다. 예뻐서 사진을 찍으면 내가 느꼈던 그 이미지가 잘 담겨져 있지 않았다. 처음에 쉬지 않고 눌렀던 셔터를 어느 순간부터 누르지 않았다.

　언덕을 올라가다 사람들이 모여 있는 곳이 보였다. 저곳이 전망대인가 싶어 우리도 그 쪽으로 향했다. 더 올라

갈 힘도 없었다. 탁 트인 시야에 주황색 벽돌 지붕을 이고 있는 전경이 눈앞에 펼쳐졌다. 강렬한 햇빛은 벤치 위에 열려있는 포도덩굴이 막아 주었다. 포도 잎 사이사이 반짝거리는 햇빛을 즐기며 리스본의 모습을 바라보았다.

잠깐 쉬는 동안 가지고 온 여행 책을 펼쳐봤다. 의도치 않게 추천코스와 비슷한 길로 걸어가고 있었다. 상 조르제 성을 가면 리스본 전경을 구경할 수 있다는 말에 티켓을 끊고 들어갔다. 아침에 나올 때 공동경비를 조금 걷어서, 상 조르제 성 티켓은 각자 끊었다. 나는 지갑에서 50유로를 꺼내 계산하려고 하는데, 직원이 유로만 받는다고 해서 당황했다. 유로를 냈는데 유로만 받는다는 말은 무슨 말인지 도통 이해할 수가 없었다. 직원이 받지 않은 지폐를 자세히 살펴보니 유로가 아니라 아프리카 돈이었다. 언니가 여름에 갔던 아프리카 돈이 유로와 함께 딸려 왔었던 것이다.

이 아프리카 돈은 얼마일까 몹시 궁금했다.

나중에 바르셀로나 공항에서 한국으로 가기 전에 30분 넘게 걸려 환전을 했는데 달랑 몇 유로 되지도 않았다.(잘생긴 키 큰 남자 직원이 옥수수 미소를 보여주며 환전 해줘서 쓸데없이 두근거렸다.) 공항 커피 값도 되지 않아 엄청 실망했다. 큰돈이었으면 면세점에서 쇼핑이라도 하려고 했는데 말이다.
—— 화란

추야가 만난 리스본

우리에게 리스본은 제일 특별한 도시다.

처음 도착한 도시이기도 하고 제일 좋은 기억이 많은 도시
이기도 하다. 그리고 숙소가 가장 아름다웠고. 제일 맛있는
술을 마셨던 곳이기도 하다.

처음 지하철 표를 끊으러 가서 기계를 못 다루고 있는 우리
에게 자연스럽게 다가와 도와준 경찰을 만났을 때 리스본의
이미지는 결정되었는지 모르겠다.

그가 말한 대로 "Risbon is good."

첫 여행지의 첫 관광지를 떠나는 길에 안내해 준 멋진 경찰
의 이야기를 들어서 출발부터 너무 설렜다. 처음 간곳은 누구
나 안 들를 수 없는 로시우.

참고로 우리나라 책에 호시우라고 쓰여 있는 책이 많은데,
한국인의 귀로 듣기엔 딱 R과 H가 섞인 발음이다. 근데 확실
한건 R에 더 가깝다는 것. 그 나라 사람에게도 로시우라고 하
면 알아듣지만 호시우라고 하면 "왓?" 이런 반응이다.

로시우에 처음 도착했을 때의 기분은 뭐랄까. 게임 캐릭터
를 처음 만들었을 때의 기분이랄까. 새로운 곳을 공략해야 하

는데 할 줄 아는 것도 없고 가진 것도 없는 기분. 게임을 처음 시작하면 인벤토리도 스킬도 아무것도 없는 채로 모험을 해야 하는데 딱 그 기분이다.

인벤토리에는 딱 스페인 & 포르투갈 여행 책자와 유심카드 두 개 밖에 없고, 우리는 레벨 1.

외국어를 잘하는 것도 아니고 그렇다고 여행에 익숙한 것도 아닌 우리들인데…. 긴장을 가득 품은 상태로 로시우 관광을 시작했다.

나와서 가장 유명한 거리로 걸어갔다. 코메르시우 광장까지 쭉 뻗은 길 끝에 나타난 건 거무튀튀한 물가.

로시우에 도착해서 내 첫 감상평은 "18시간 날아와서… 인천 앞바다 보는 기분이네요."였다.

물도 거무튀튀하고 비린내 나고. 갈매기 날아다니고. 그래서 당연히 바다라고 생각했는데 돌아와서 찾아보니 강이었다. 이름도 "아름다운 테주 강 Rio tajo" 통용되는 이름은 타구스 강이라고 하고, 이베리아 반도를 가로지르는 거대한 강이라고 했다. 바다로 착각하는 것도 무리는 아니었다.

사실 리스본의 첫 인상은 수수하고, 낡고, 촌스럽다는 느낌. 엄청나게 좋다! 화려하다! 같은 느낌과는 거리가 멀었다.

하지만 리스본은 걸으면 걸을수록 매력이 있는 도시였다. 화려함은 없지만, 내가 생각한 유럽의 오래된 도시의 이미지에 딱 부합하는 도시였다.

옛날에는 매우 화려했을 낡은 건물이 거리를 이루고 도시를 이뤘다. 빛바랜 무늬의 타일, 겉이 닳아버린 화려한 조각상, 적당히 빈티지한 느낌으로 때 탄 거리의 보도블록들…. 모든 게 보면 볼수록 사랑스러웠다. 특히 로시우 부근의 건물들이 그랬다. 그래서 사람들이 그 지역을 좋아 하는 모양이다. 어느 때 가도 사람들이 북적거리고 활기찼다.

무어인 성이나 상 조르제 성, 리스본 대성당 등등 아름다운 건축물들이 모여 있는 지역이기도 해서 가장 발달할 수밖에.

하지만 사람들이 사랑하는 고풍스럽고 멋진 거리는 결국 다 대기업이 차지하게 되고, 각각의 매력들 다 몰개성 하게 변해 버리는 것에 대한 아쉬움은 어쩔수 없나 보다.

트램의 창을 통해 보이는 풍경

우린 가장 유명 관광지를 다닌다는 28번 트램을 탔다. 석양이 지는 시간에 이 트램을 타면 유명 관광지를 다 지나가기 때문에 환상적인 일몰을 볼 수 있다는 이야기를 들었다.

두근거리는 마음으로 28번 트램을 탔는데…. 별 멋진 풍경이 지나가지 않고 계속 그냥 평범한 도시만 지나갔다. 유명한 길을 지나가는 방향은 우리가 탄 곳과 반대였던 것. 우린 그냥 관광지라곤 하나 없는 시내를 거의 세 시간 동안 달렸다. 사실 중간쯤에 알아챘지만 그래도 뭐라도 볼게 있겠지 하는 마음에 계속 트램 안에 앉아 있었다.

종점에 닿았을 때 종점이니까 기사님이 내리라고 했다. 우린 "어? 왜?"란 얼굴로 기사님을 바라보았는데, 기사님이 내렸다 다시 타야 한다고 알려줬다. 내린 곳엔 아무것도 없었고, 관광지 반대쪽으로 탄 걸 들킨 것 같아서 좀 부끄러웠다.
하지만 관광객은 어디서든 사진을 찍고 재미나게 놀 수 있으
니까. 사진을 찍으면서 좀 기다리니까 다시 출발 한다고 타
라는 신호를 했다.

다시 역방향으로 타고 돌아올 때도 요금을 다시 받았다. 당
연하겠지만 아깝고 부끄러운 이 마음.

나는 본 걸 다시 보는 것, 갔던 길 다시 가는 것을 지독하게
안 좋아하는데. 거꾸로 가는 건 또 다른 매력이 있었다.

트램을 타고 조금 달리다보니 금방 해가 져버려서 리스본
의 환상적인 석양은 우리와 인연이 없어서 조금의 아쉬움이
남았다. 우리의 여행은 운이 좋았다가 나빴다가 했던 걸 보면
결국 운은 대충 총량이 있는 느낌이다.

\# 종점까지 왔다가 다시 돌아갔다

리스본에서 먹은 것들

남유럽하면 농산물이 유명하다고 들었다.

도착해서 먹어보니 그 말대로 정말 기대 이상으로 과일들이 맛있다. 종류도 많지만 가격도 싸다. 물론 우리나라에서도 비싼 과일인 애플망고는 거기서도 비쌌지만.

사과, 복숭아, 무화과가 정말 싸고 싱싱했다.

내가 여행에서 제일 좋아 했던 건 마트에 가는 거였다.

신기한 요리재료, 생각보다 엄청나게 저렴한 가격, 특히 라면 냄비 반쪽만 한 치즈를 4유로 정도에 구입 할 수 있다는 것은 엄청난 매력이었다. 물론 비싼 치즈도 있지만 싼 치즈라고 맛이 나쁘다거나 냄새가 난다거나 하는 것은 전혀 없었다. 우린 쇼핑 할 때마다 새로운 치즈를 질렀다. 먹을 때마다 너무 맛있어서 매일 감동했었다.

아, 의외로 샌드위치용 햄은 맛이 없다. 너무 짜고 식감도 물렁물렁.

하지만 소시지는 정말 맛있다. 이 동네에서 소시지는 쇼리수라고 부른다. (옆 나라 스페인에 가면 쵸리죠)

싼 걸 사도 비싼 걸 사도 각각 후추맛 매운맛 등등의 독특한 맛이 있어서 다 맛있었다.

난 출발하기 전에 에어비앤비를 빌린 이상 매일 한 끼는 요리를 해먹겠다고 결심했었다. 그래서 내 전용 요리용 대젓가락도 챙겨갔는데…. 첫 숙소에다 놓고 나왔다. 굳이 챙겨간 내 전용 젓가락은 첫 번째 집에 살았던 5일만 사용할 수 있었다는 슬픈 이야기.

주로 해먹은건 샐러드, 파스타, 샌드위치인데 음식 재료 자체가 맛있어서 대충 만들어도 훌륭한 맛을 냈다. 요리할 맛나는 동네랄까.

게다가 리스본의 숙소에는 뒷마당이 있었다. 커다란 레몬나무가 있는 뒷마당에서 싱싱한 레몬을 따서 뒷마당에 놓인 테이블에서 식사를 하고, 레몬수를 마셨다.

우린 리스본에 있는 동안 매일 과일 쇼핑을 했는데 한 과일가게가 특별히 싸서 매일 거기만 갔었다. 그 상점은 중국인이 하는 가게라 우리한테도 중국인이냐고 말을 걸어왔다. 한국인이라 답한 후 더 이상의 이야기는 서로 영어가 짧아서 못했다.

중국인 상점의 종업원 2명이 있었는데 남미 사람처럼 보이고 어려보이는 청년들이었다. 그 과일가게는 우리가 지하철을 타러 갈 때 꼭 지나가야 하는 위치에 있어서 그 앞을 지나가면 지나갈 때 마다 인사를 했다.

처음엔 어색했지만 아시안 특수를 누리는 거려니 하고 나중엔 우리도 반갑게 인사를 했더랬다. 토요일에는 관광을 마치고 돌아오는 우리를 보더니 또 인사를 해왔다. 그러더니 자기들은 재밌는데 놀러 가는데 같이 가겠냐는 이야기를 하는 거다. 하지만 한국에서 안하는 짓은 외국에서도 하지 말라는 여행의 철칙을 지키기 위해, 우리는 정중히 거절하고 집으로 들어와서 또 밥을 해 먹고 푸욱 쉬었다.

—— 추야

\# 포르투갈의수도승　\# 명상중　\# 사실은_카페인_충전 중　\# 구질구질

신비의 도시

[SINTRA]

신 ◆ 트 ◆ 라

신 트 라
신비의 도시

신트라 찾아가기

신트라는 리스본의 서쪽에 위치하는 도시다.

카보 다 로카를 가려면 꼭 가야하는 곳이기도 하고 페나 성, 신트라 궁, 무어인의 성 등의 거대한 성이 남아있어서 누구나 리스본에 오면 신트라에 들른다.

포르투갈에서 꼭 볼 곳 하나를 생각하고 왔는데 그곳이 바로 페나 궁전이었다. 알록달록하게 도료로 색칠한 성의 사진을 처음 봤을 때 촌스러우면서도 귀엽다는 생각이 들었다. 공주와 왕자가 나오는 동화에서 튀어나온 것 같은 그 성이 실제로도 그렇게 귀여울지 너무나 궁금했다.

신트라에 가기 위해 기차역으로 갔다. 우리의 숙소는 대표적 관광지 로시우와 신트라 두 곳 모두에 가기 편한 위치에 있었다. 기차역과 지하철이 맞닿는 곳이었다. 사실 두 곳을 모두 교통편으로 이동한다는 것은 조금 비효율적이긴 하지만 숙소가 싸고 너무너무 좋았으니까.

우리 숙소 바로 앞에는 기차역이, 10분쯤 걸어 나가면 지하철역이 있었다.

지하철역 이름은 아리에이로Areeiro였고, 기차역 이름은 로마/아리에이로Roma/Areeiro였다. 지하철역인 아리에이로역과 로마역 중간쯤에 위치한, 기차역 이름이 로마/아리에이로인 건 찾기 효율적이라고 해야 하나 대충 지었다고 해야 하나.

숙소에서 걸어서 3분 걸리는 거리에 있는 로마/아리에이로 역을 찾아갔다. 기차역답게 지상에 위치해있어서 들어가기 편할 거라 생각했는데 지하에서 표를 끊고 올라와야 하는 형태였다. 지하철 표를 끊어봤기 때문에 당당하게 기계를 마주섰는데 지하철 기계랑 달랐다.

당황해서 등 뒤로 땀이 주룩 흘렀다. 어쩌지? 어쩌지?하면서 기계를 두들기고 있는데 또 직원이 친절하게 다가와서는 "도와줄까?" 물어보고 기계에 달린 전화기로 전화를 걸었다. '통역을 불러줘 봐야 영어가 안 되는데…' 라고 긴장하고 있었는데 갑자기 화면에 커서가 제 혼자 움직였다. 전화를 받은 직원이 원격으로 눌러서 발권해 주었었던 것. 전화기 목소리가 들려왔다. "신트라?" 우린 흥분해서 "예스예스, 뜨리 뜨리!" 라고 외쳤다.

감격스럽게 우린 표 3장을 받았다. 고맙다고 직원에게 말하고 거의 달리다시피 기차역으로 올라갔다.

기차와 버스를 하루 종일 이용할 수 있는 신트라 원데이 패스도 있지만 우리는 하루에 고생스럽게 신트라 전부를 돌아보지 않고 페나 궁만 보고 올 생각이라 그걸 사진 않았다. 만

스페인 & 포르투갈에 춤추러 가자 /

약 하루에 페나 궁, 무어인의 성, 카보 다 로카, 카스카이스를 다 볼 생각이라면 당연히 원데이 패스가 훨씬 유용하다. 하지만 그 아름다운 성과 정원을 대충 돌아 보는 건 너무 아쉬운 일이다.

기차를 타고 신트라를 향했다. 40여분 걸려서 신트라에 도착하니까 사람들이 많이 줄을 서 있었다. 버스를 타는 줄이었다. 카보 다 로카행 버스인지 페나 성 버스인지 잘 확인하고 버스를 타고 15~20분 정도 후 페나 성 앞에 내렸다.

발권 부스가 두 개여서 친구들과 나눠서 줄을 섰는데 내 쪽줄이 훨씬 빨리 줄어서 이쪽이 빠르겠다고 외쳤는데, 갑자기 내 쪽 부스에서 영수증 롤을 갈아 끼우는 바람에 전혀 줄어들지 않았다. 그래서 약간 뻘쭘하게 친구들이 줄 선 곳으로 가서 내 표도 샀다. 가격은 14유로. 정원만 보면 7유로지만 우린 내부도 꼭 보고 싶었기에 전부를 보는 티켓을 끊었다. 내부 장식에 별로 관심 없다면 정원만 보는 것도 좋다. 페나 성의 테라스까지는 다 들어가 볼 수 있고 건물 안쪽 부분만 못 보는 것이므로.

아침을 먹고 출발 했지만 기차 40여분, 버스를 기다리고 타는데 40여분, 티켓팅 20여분을 하고 나니 우리는 당이 떨어져서 우선 도시락을 먹고 시작하기로 했다. 입구에 놓인 테이블 벤치에서 샌드위치를 순식간에 다 먹고 설레는 마음으로 페나 궁전을 향해 걸어갔다.

\# 페나 성도_식후경 \# 뭘 먹어도 맛있다

사진은 아무리 잘 찍어도 모든 걸 다 담을 수는 없다는 걸 또 한 번 알게 되었다. 알록달록한 건물은 화려하고 압도적이었다. 귀엽기만 할 줄 알았던 성이 내가 생각한 것보다 훨씬 거대했고 웅장했다. 거대한 성채에 밝고 사랑스러운 색감, 우아한 아줄레주 무늬, 무어인 스타일의 건축양식, 세밀하게 무서운 악마 조각상, 모든 것이 기대 이상이었다.

게다가 내부의 모든 방을 공개 했는데, 마치 타임머신을 탄 느낌이었다. 사람들이 당장이라도 살 수 있을 것처럼 잘 보존되어있었다. 내 유럽 성의 기준은 이제 페나 성이 될 거 같다. 페나 성보다 크고 좋거나, 그보다 작고 평범하거나. —— 추야

소페인 & 포르투갈에 춤추러 가자 /

페나성

신비의 도시 신트라

기차를 타고 40분 정도 달리면 신트라 역에 도착한다. 역 앞에서 다시 버스를 타고 신트라 산을 향해 올라간다. 역 앞에부터 작고 예쁜 집이 많아 거리를 좀 더 걷고 싶다고 생각했다. 초록으로 뒤덮인 울창한 숲 사이를 지나 꼭대기까지 오르면 페나 성에 매표소 앞에서 내렸다. 매표소에서 다시 페나 성 입구까지 가는 미니버스가 운행된다는데 우리는 일단 숙소에서 싸온 점심을 먹고 천천히 걸어올라 가기로 했다. 오늘의 메뉴는 아침에 추야가 만들어준 샌드위치와 사과 하나. 빵 사이에 닭 가슴살과 치즈를 끼워 넣은 이 간단한 샌드위치가 어찌 이리 맛있을 수 있을까. 일단 먹을 것이 들어오니 마음도 넉넉해졌다. 겨우 매표소 옆 의자에 앉아 있지만 돌 하나 나무 하나 예사로워 보이지 않는다. 나무의 색도 돌의 색도 어딘지 모르게 달라 보인다. 정말로 동화 속으로 걸어 들어가는 기분으로 천천히 정원을 둘러보며 언덕을 올랐다.

\# 내릴 역은 어디인가   \# 확인 또 확인   \# 강박쟁이 화란씨

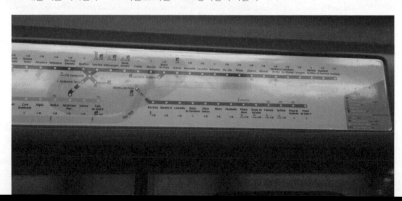

\# 페나성박물관

\# 페나성정원

테라스를 돌고, 건물 안을 다 구경하고 우린 페나 성의 뒤편 정원으로 걸어 내려갔다. 너무나 신비롭고 아름다운 정원이었지만 너무 넓었던 탓일까. 내려오는 길에 당이 뚝 떨어졌다.

언제 올지 모르는 버스를 기다리는 데 모두들 신경이 예민해져 있었다. 뭔가 먹을 게 없나 찾다가 가방에서 사탕을 발견했다. 엄마가 여행갈 때 유용하다며 평소 들고 다니시던 작은 가방을 챙겨주셨는데, 그 안에 사탕이 잔뜩 들어 있었다. 그러고 보니 엄마는 여행할 때 꼭 사탕이나 초콜릿 등 위급할 때 당을 채울 수 있는 것들을 꼭 챙기셨다. 우리 셋은 그 사탕 덕에 생기를 되찾았다.

몇 분을 기다리다보니 버스가 왔다. 두 어 대의 버스가 오는 것이 보였는데, 모든 버스가 꽉꽉 차서 내려갔다. 우리를 태워주지 않고 쌩 지나가는 버스들 때문에 우리는 허망하게 다시 페나 성 입구까지 올라갔다. 페나 성 앞에 있던 정류장이 종점이어서 이미 페나 성에 다녀온 사람들로 버스가 꽉 찬 채로 내려가서 다음 정류장에 서있었던 우리를 태워주지 않았던 것. 올라가 보니 아직도 몇십 명이 버스 정류장에 줄 서 있었다. 그 줄 끝에 서면서 후회했다. 괜히 걸어 내려왔나….

우리 앞의 줄이 쑥쑥 줄어들어 우리가 버스 탈 차례가 되었다. 버스 안에는 우리나라에서 온 단체 관광객들이 있었는데, 한국어를 들었지만 인사는 하지 않았다. 외국에서 말이 통하는 사람을 만나면 반가울 법도 한데 낯선 사람들이랑 인사하며 대화를 나눈다는 것이 어색했다. 굳이 그러지 않아도 될 텐데 부러 무표정하게 눈을 마주치지 않으려고 애썼다.

조금 타고 가다보니 버스기사가 내리라고 했다. 신트라성 근처에서 내려줬는데 왜 여기서 내려주는 걸까?하고 의아하게 생각했는데 트래픽 잼이라 그렇다는 말을 언뜻 들었다. 이런 시골 동네도 트래픽 잼이 있구나. 2분쯤 걸어가면 역이 나온다고 했다. 버스에서 내려서 신트라성 앞에서 사진도 찍고 사람구경도 하면서 시간을 보내다가 역을 향해 걷기로 했다.

위에서 내려다보니 이쪽저쪽 다 길이 통할 것 같이 보였다.

"이 좁은 골목으로 갈래?"
"좋아!"

작은 골목을 돌아보며 걷는 기분이 신선했다. 콧노래를 부르면서 신트라의 올드하고 이국적인 골목을 구경했다. 걷다가 벼룩시장도 구경하고, 빈티지한 느낌이 나는 빈 건물이 많아서 빈 집을 사서 포르투갈에서 살아보는 상상도 해 봤다.

하지만 걸어도 걸어도 아까 위에서 보였던 이어질 것 같은 길이 안 나왔다. 삼십분이 넘도록 의아해하며 더 걸은 뒤에야 길을 완전히 잘 못 들었다는 걸 깨달았다. 시골이라 인터넷도 안 터져서 지도도 잘 안 뜨고 길은 모르겠고 날은 저물어오고…. 우린 패닉에 빠졌다. 현지인에게 신트라 역이 어디 있는지 물어물어 겨우 역을 찾았다. 감동에 겨워 역 이름이 쓰여진 간판을 보았는데, 포르텔라 데 신트라 Portela de Sintra라고 적혀 있었다. 신트라 역에서 리스본쪽으로 한 정거장 앞에 있는 역이다. 세상에 기차역 하나만큼의 거리를 걸어온 것이다. 걸어도 너무 걸어버렸다. 지칠 대로 지친 상태에서 기차를 탔다. 피곤에 절여져서 잠이 들려고 할 때, 화란이 말했다.

\# 겨우 전철역에 도착했는데 역 이름이 뭔가 다르다.

"이 기차 아닌 것 같은데? 우린 로마/아리에이로로 가야하는데 이건 로시우행이야."

'아뿔싸 잘못 탔구나!' 계속 갈 수가 없어서 열차가 멈추자마자 재빨리 내렸다. 어딘지도 모르는 역에 멈춰서 다음 열차를 기다렸다.

해는 지고 사방은 어두운데 여기가 어디 인지 모르겠고 이대로 못 들어 갈 수 도 있겠구나 싶은 생각에 울상이 되었다. 하지만 셋이 함께 머리를 맞대고 침착하게 집으로 가는 열차를 찾아서 무사히 집에 왔다. 기차에 올라타서도 긴장을 늦추지 않고 기차역을 체크했던 화란의 역할이 컸다. 화란 이제 편하게 다녀요. 기차 안에서 잠도 좀 자고. 이제부턴 우리가 길 을 잘 보고 다닐게.

— 소리아

내 그림 속의 궁전 페나 성

신트라는 추야가 가고 싶어 했다. 동화책에서 나온 예쁜 성들이 있는 곳이라고 했다. 여행을 준비할 때, 각자 꼭 가고 싶은 곳의 리스트를 만들었다. 서로 좋아하는 곳은 같이 다니고, 영 취향에 맞지 않으면 각자 다니자고 했다. 신트라는 리스본에서 근거리 여행을 하기에 아주 좋은 곳이었다. 열차를 타고 40분 걸리는데, 운 좋게도 숙소 근처에 열차역이 가까웠다.

열차를 타면서 이 방향이 신트라가 맞는 것인지 재차 확인했다. 신트라행이라고 열차 앞에 쓰여 있지만, 내가 지금 저것을 제대로 보고 있는지 의심병이 들었다. 열차가 정거장에 멈출 때마다 어느 역인지, 신트라까지 몇 정거장 남았는지 수시로 확인했다. 한참을 가야하니 잠깐 잠을 청하려고 했지만, 나의 불안증 때문에 쉽게 잠들 수가 없었다. 혹시나 하는 마음에 열차 노선표도 초점이 흔들리지 않게 잘 찍어 두었다. 한 정거장이 지나고 신트라 방향으로 맞다는 걸 확인하고서야 차창 밖의 풍경이 눈에 들어왔다. 이 불안감을 같이 간 친구들이 눈치 채지 못하게 하려고 했지만, 나중에 들어보니 정말 예민해

보였다고 한다. 열차는 한적한 소도시의 역들을 지나쳤다. 화려하지 않은 낮은 건물들에 그래피티 그림이 간간히 눈에 들어왔다. 지나쳐 가는 풍경들은 별로 매력적이지 않았다. 그 풍경들을 보면 과연 신트라가 멋있을까 하는 의구심이 생겼다.

마침내 종점인 신트라 역에 내렸다. 관광지라 그런지 사람들이 벅적거렸다. 페나 성으로 가는 버스에도 사람들로 줄이 길었지만 운 좋게 자리에 앉아 갔다. 간간히 한국말과 중국말이 들려 왔다. 낯선 곳에서 들려오는 한국말에 나도 모르게 귀를 쫑긋 세웠다. 엿듣고 싶지는 않아도, 귀에 들어온 한국어는 자동으로 이해가 되었다. 이해가 된다는 것만으로도 편안했다. 버스는 나무가 많은 좁은 도로를 구불구불 올라갔다. 페나 성 매표소 앞에 멈췄다. 우리는 버스에서 내려 먼저 표부터 샀다. 여행책보다 가격이 비싸서 혹시나 표를 잘못 샀나 싶었다. 페나 성까지 가는 꼬마 버스가 있긴 했지만 걷기를 좋아하는 우리는 걸어서 올라가기로 했다. 갑자기 화장실이 급했다. 낯선 곳에 오면 화장실을 갈 때마다 공포심이 올라온다. 과연 깨끗할 것인가. 화장실 근처에서 냄새가 조금 나서 걱정했지만, 시설은 괜찮았다. 하지만 포르투갈의 대부분 화장실은 변기에 판이 없었다. 차가운 도기에 엉덩이를 대야 하는게 조금 찝찝했다. 어릴 때 여행 다니는 것을 좋아하지 않았던 이유 중 하나가 더러운 화장실 때문이었다. 이 병은 커서도 잘 고쳐지지 않는다.

준비해온 도시락을 먹으며 느긋하게 쉬었다. 눈을 감고 지금 내가 어디에 있는지 상상했다. 저 멀리 한국에서 열 시간 넘게 비행기를 타고 낯선 땅에 앉아 있는 내 모습을 우주에서 바라봤다. 그 공간 이동이 마냥 신기하면서 낯설었다. 여행을 결정할 때는 그렇게 고민이 되더니, 지금 이렇게 앉아 있는 나를 보면 그냥 내가 여기 있을 뿐이다.

흐렸던 하늘에서 살짝 살짝 햇살이 비춘다. 비가 온다는 말은 없었지만 잔뜩 구름이 끼어서 비가 올까봐 걱정이 앞선다. 이대로도 좋지만, 조금 더 햇빛이 반짝거리면 나무와 풀들이 더 예쁘게 보일 것 같았다. 포르투갈도 가을로 접어들고 있다. 황갈색의 물든 낙엽들이 여기저기 많이 떨어졌다. 페나 성으로 올라가는 사람은 없었다. 한적한 길을 우리끼리 수다를 떨며 걸어갔다. 새소리에 감동하고 이름 모를 꽃과 나무에 신기해했다. 페나 성은 생각보다 조금 더 멀었다. 숨이 차고, 꼬마버스를 탈 걸 그랬나하는 후회가 정수리에서 꽃힐 때쯤 페나 성이 딱! 나타났다.

정말 동화 속에서 나오는 성이었다. 어린 시절 내가 그린 궁전도 페나 성처럼 둥근 지붕과 울퉁불퉁 네모난 난간을 넣어 그렸다. 샛노란 외벽을 보면 역사 속에 존재 했던 왕들이 살았던 곳이 아니라 옛 이야기에서 나온 벌거벗은 임금님이 살 것 같다. 성 내부에는 당시 왕들이 살

앉던 공간인 침실과 거실, 무도회장 그리고 부엌 안에 가구와 그릇들도 함께 전시 되어 있었다. 높은 천장에 매달려 있는 화려한 샹들리에와 정교하게 만들어진 내부의 장식들을 보고 있자니, 대서양을 넘나들던 해양제국의 힘이 느껴진다. 그리고 나도 모르게 식민지 사람들의 피와 눈물로 이루어진 화려함이 아닐까라는 생각도 스쳐 지나갔다.

내부에 꾸며진 것을 하나하나 구경하기에도 하루가 부족할 것 같았다. 그림 그릴 때 자료로 많이 쓸 수 있을 것 같아서 부지런히 셔터를 눌렀다. 문득 정신을 차려 주변을 둘러봤다. 같이 온 추야와 소리아가 보이지 않았다. 나를 잃어버린(?) 친구들을 찾았다. 계속 걸어가면 길이 더 엇갈릴 것 같아 출구문 안에서 기다렸다. 기다려도 오지 않아 출구 밖으로 나갔다. 밖에도 친구들이 보이지 않았다. 사람들은 점점 많아지는데 자주 봤던 동양 사람들도 눈에 띄지 않았다. 여행을 다닐 때마다 만났던 그 많은 아시아인들은 다 어디로 갔나. 전화를 걸까 하다가 해외에서 전화를 어떻게 거는지 몰랐다. 바로 폰 번호를 누르면 되는 건지 국가번호를 누르는 건지, 이대로 혼자 집에 가야 하는 건지 온갖 생각들이 스쳐 지나갈 때, 낯익은 얼굴이 눈에 들어왔다. 먼저 나간 줄 알았는데, 아직 나오지 않았던 것이다.

페나 성 팸플릿을 펼쳐봤다. 성 주변에 커다랗게 공원
이 만들어져 있었다. 아까 성에서 봤던 커다란 십자가가
있는 길도 안내되어 있었다. 이렇게 걸어 다닐 곳이 많은
걸 알았다면, 이곳에서 하루를 묵으면서 트래킹을 다녀도
좋았을 것 같았다. 우리는 왔던 길로 가지 않고 다른 버

스 정거장이 있는 방향으로 공원을 가로질러 가기로 했다. 공원에는 양팔을 벌려 안아도 다 들어오지 않을 만큼 큰 나무가 많았다. 언제 지었는지 알 수 없는 석조건물에 잔뜩 이끼 낀 모습을 보면 나비 대신 요정이 튀어 나올 듯하다. 향기로운 허브들이 그 크기에 따라 알맞게 배치돼 있다. 공원 벤치에 앉아 허브를 바라보면 허브의 모습들이 한 눈에 들어왔다. 공원 전체가 아름답고 섬세하게 디자인 되어 있었다. 흑조가 떠 있는 커다란 연못 끝에 정류장이 보였다.

\# 신트라 시가지가 한눈 에 내려다 보이는 페나 성의 발코니

한참을 헤맨 끝에 무사히 숙소에 도착했다. 이틀 머물렀는데도, 낯익은 숙소 동네가 집처럼 편안하게 다가왔다. 우리는 저녁식사를 먹기 위해 슈퍼와 과일가게로 가서 먹고 싶은 것을 마음껏 샀다. 나는 제일 먼저 와인 코너를 찾아서 포트와인을 샀다. 유럽 여행을 오면 매일 다른 종류의 와인을 마시리라 다짐했는데, 그 출발이 포트와인이었다.

에그타르트 안주로 기대를 잔뜩 한 채 한 모금 마셨는데, 너무 달았다. 식사 전 에피타이저로 마시지 않고, 식후에 마셔서 그런가 기대한 만큼 맛있지는 않았다. 아니 맛있긴 했지만, 단술이라고는 예상하지 못했다. 도수가 강해서 달지 않을 것이라고 예상한 나의 생각은 어디서부터 왔을까? 한두 잔에 취기가 금세 올라왔다. 와인 병에 반 정도 찰랑이는 양을 보니 내일도 이 와인을 마셔야 할 것 같다. 같이 온 친구들도 술을 함께 즐겼다면 오늘 밤 저 술을 다 마시고 내일은 새로운 와인 맛을 볼 수 있었을 텐데. 식당에서 레드 와인을 주문하기 위해 레드 와인을 뜻하는 포르투갈어를 찾았다. 비뉴 틴투 Vinho Tinto. 이제 음료를 주문할 때마다 비뉴 틴투 Vinho Tinto를 외치리라! —— 화란

\# 조그마한 초콜렛 잔에 달달한 포트와인이 담겨 있다.

\# 벼룩시장이 열리고 있었다

\# 벼룩시장에서 파는 낡은 장난감과 인형 접시들

\# 아름다운 신트라 시내　\# 무언가에 홀려 길을 잃다

추아랑 함께하는
어렁지에서
도시락
싸기♥
- 샌드위치 편

재료
양상추
소세지
(육즙팡)
토마토
빵!
빵!

먼저 반으로
준비한다
조금 덜 익은
빵에 비빈다

토마토도 정성껏
빵에 비빈다
축축 한 겹한...

여기 올리는 오일은
뿌리면 '논 콜 토마토'
아까 우유도
멋졌음

치즐 썰어서
빵에 올린다

우리의 팬에서
빵에 살짝 구워
치즐 녹인다

치즈는
썰어서
굽는다!
양상
양상
치즐
치즐

준비한
재료를
쌓는다!

옭

쌓!

봉지에
하나씩!

여행 다니다
배고프면
야금야금♥

키좀바에 다시 도전하다

[LISBON]
리 스 본 2

키좀바에 다시 도전하다

이름만큼이나 아름다운 클럽 벨레자B_Leza에서 키좀바 재도전기

리스본 도착 첫날 그대로 잠들어 버려 키좀바 클럽에 못 갔었던 것이 못 내 아쉬워 일요일, 키좀바 클럽에 다시 한 번 도전하기로 했다. 레나타가 일요일 5시에 벨레자B-leza클럽에서 초보자를 위한 키좀바 댄스 강습이 있 다고 했다. 우리는 옷을 차려입고 화장을 하고 댄스 슈즈를 챙겼다. 지하 철을 타고 강변에 자리 잡고 있는 벨레자 클럽에 도착했다. 입구를 지키 고 있는 덩치 큰 아저씨에게 키좀바 강습을 들으러 왔다고 했더니 오늘은 공연이 있어 강습이 없다고 했다. 어떻게 할까 고민하다가 그래도 여기까 지 왔으니 일단 들어가 보기로 했다. 입구 쪽에는 술을 마실 수 있는 바가 있고 안쪽에 넓은 홀이 이어지는데 강을 향하는 한쪽 면 전체가 통유리로 되어 있어 테주 강이 한 눈에 들어왔다. 잔잔한 강물 위로 늦은 오후의 은 은한 햇빛이 반사되어 들어와 클럽 안의 분위기를 부드럽게 만들어 주고 있었다. 곧 해가 지고 멀리 강을 가로 질러 놓인 다리 위에 조명이 켜질 때 는 아름답다는 말이 절로 나왔다. 클럽 이름 '벨레자'는 포르투갈어로 아 름답다는 뜻이란다. 홀 안에서는 브라질 음악 공연이 펼쳐지고 있었다. 연룬 있어 보이는 기타리스트의 연주도 카리스마 있는 보컬의 음색도 너무 좋다. 우리는 이곳에 오길 잘했다며 서로의 눈을 보고 고개를 끄덕였다.

\#　춤 추러 가니까 우리 화란씨 멋 좀 내셨음

\#　추야양도 멋쟁이 점프 수트를 꺼내 입음

여기가 바로 벨레자 클럽

  그래서 이번에도 키좀바 춤은 못 추고 왔냐고? 사실 우리도 그럴 줄 알았다. 그런데 공연이 끝나고 밴드가 철수하자 스피커에서 비트 있는 음악이 흘러나오며 클럽의 분위기가 순식간에 바뀌었다. 우리는 이제 사람들이 춤을 추기 시작하려나 보다 하고 기대하기 시작했다. 클럽 반대편에서 춤을 추는 커플도 보이기 시작한다. 아! 드디어 왔구나! 점점 춤추는 커플도 많아졌다. 기다렸던 순간이었지만 춤을 출 수 있을까 약간 긴장되기도 했다. 그래도 도전해보자! 의자에 앉아 신발을 갈아 신었다. 얼마 지나지 않아 회색 재킷을 입은 정장 차림의 남자가 다가와 춤을 신청했다. 까만 피부와 붉은 빛이 도는 보라색 타이가 아주 잘 어울렸고 짧게 깎은 곱슬머리가 귀여웠다. 그의 리딩은 어렵지 않았고 나는 제대로 하고 있는지는 모르겠으나 어쨌거나 함께 춤을 췄다. '내가 키좀바를 추고 있다고!' 처음엔 약간 흥분했던 것 같다.

낯선 도시에서 처음 만난 리더와 배운 적도 없는 춤을 추고 있으니 말이다.

그런데 음악이 이상하다. 끝날 것 같은데 끝나지 않는다. 처음엔 매너 있게 거리를 유지하던 이 리더도 지금은 너무 가깝게 붙어 춤을 추는 것 같다. 나중에 알았다. 이곳에 흐르고 있는 음악은 절대 끝나지 않는다는 것을. 그리고 이 남자와의 춤도 내가 그만 추자고 하기 전까지는 절대 끝나지 않는 다는 것을. 점점 더워져서 팔을 들어 몸을 뺐더니 그가 '오브리가다(고마워요)'라고 말하며 나를 원래 있던 자리까지 데려다 줬다. 이 춤을 끝내기 위해선 누구 하나가 그만 추겠다는 의사를 표시해야 하는 것이다. 곧 이어 땀에 절은 추야가 다가왔다.

"언니 왜 음악이 끝나지 않는 걸까요."
"아무래도 이 춤은 우리가 끝내야 하는 것 같아."

저 멀리 재킷까지 입고 힘겹게 춤추고 있는 화란이 보였다. 화란도 너무 더워 힘들었다고 나중에 고백했다.

매너가 좋은 사람도 있고 매너가 없는 사람도 있었다. 느낌이 좋은 사람도 있고 이상한 사람도 있었다. 우리는 이 정도면 우리로선 굉장한 경험을 했다 싶어 만족하고 이만 돌아가기로 했다. 처음에 춤을 췄던 보라색 타이의 남자가 왜 벌써 가느냐고 물었다. 나는 너무 피곤하다고 말했다. 그는 맥주를 한 잔 사주겠다고 했고 나는 일행이 있어 가 봐야 한다고 말했다. 그는 포르투갈어로 나는 한국어로 말했다. 나는 포르투갈어는 한마디도 못 하지만 그가 뭐라고 하는지 다 알아 들을 수 있었다. 아마 그도 한국어를 하나도 알지 못할 테지만 내가 뭐라고 하는지는 분명 다 알아 들었을 것이다. —— 소리아

소셜댄스? 린디합과 블루스

소셜댄스라 함은 커플댄스로 둘이 함께 추는 춤을 말한다. 그야말로 사교를 위해 추는 춤이라 친구를 사귀기 위해 추는 춤인 것이다.

우리나라는 소셜댄스가 별로 대중적이지 않지만, 외국인들은 정말 자연스럽게, 누구나 한가지 정도의 소셜댄스를 출 줄 아는게 보통이다.

제일 많은 인구가 즐기는 춤은 살사, 탱고, 스윙, 키좀바, 주크 정도다. 어떤 춤인지 궁금하시다면 검색을.

우리나라에서도 탱고, 살사, 스윙은 정말 많은 사람들이 즐기고 있다.

우리 세 명은 스윙을 하다가 만난 사람들이다. 스윙은 음악으로는 사람들에게 익숙하지만 춤으로는 아마 낯설 것 같다. 미국의 흑인들이 만든 음악이자 춤인데, 이 춤은 우아하기보다는 가볍고, 발랄하고, 유쾌하다. 스윙 음악처럼 말이다.

춤을 만드는 쪽을 리더, 춤을 채우는 쪽을 팔로워라고 한다. 보통 리더는 남성이, 팔로워는 여성이 하지만 당연히 둘다 할 수도 있고, 여성이 리더가 될 수도 있다.

스윙댄스를 처음 보면 방정맞고 동작도 웃기고 너무 가벼워 보이지만 볼수록 신명나고 매력 있는 춤이다.

우리나라 스윙 댄스는 동호회 문화로 이루어진다. 동호회에 들어가서 기초반부터 시작하는데 기초에 배우는 춤을 지터벅이라고 한다. 스윙이라고 불리는 춤은 지터벅, 찰스턴, 린디합, 발보아 정도로 볼 수 있다.

기초반에서는 지터벅이라는 여러 가지 음악에 맞춰서 출 수 있는 쉽고 단순한 동작의 재밌는 춤을 배운다. 이 지터벅이란 춤은 백인들이 흑인들이 추는 커플댄스(린디합)를 보고 쉽게 누구나 출 수 있게 변형시킨 춤이란 설이 유력하다. 지터벅이 스윙이라는 장르에 익숙해지기 위해 배우는 춤이라고 한다면, 스윙의 꽃은 단연 린디합. 원래 있던 춤에 찰스 린드버그Charles Augustus Lindbergh가 대서양을 무착륙 횡단에 성공했다는 신문기사를 본 전설적인 댄서, 쇼티 조지George "Shorty" Snowden 가 붙인 이름이다.(린드버그가 뛰어 넘었다! 라는 뜻으로 린디합)

20~30년대 흑백 영상에서 추는 커플댄스 대부분이 바로 이 춤.

춤을 배우기 위해선 동호회에 들어가서 입문 초급 초중급 중급정도의 정규강습을 듣고 춤에 욕심을 내면 여러 선생님들에게 가서 수업을 듣기도 한다.

우리나라는 전 세계적으로 스윙댄스씬이 가장 빨리 발전

하고 큰 곳이다. 댄서의 실력 평균이 높아서 외국에 나가면 고수의 나라라는 이야기를 듣곤 한다. 서울은 일주일 내내 스윙을 출 수 있는 전 세계에서 거의 유일한 도시이기도 하다.

스윙댄스에도 국제대회가 있는데, 과거엔 대부분의 대회에서 미국과 유럽의 댄서가 우승하는 했다. 하지면 최근엔 우리나라의 댄서들도 우승하는 쾌거를 올리기도 했다.

스윙과 블루스는 전혀 다른 리듬을 사용하지만 재즈 계열의 춤이어서 그런지 스윙댄서는 자연스럽게 블루스까지 추는 문화가 전체적으로 있다. 블루스는 당연히 블루스 음악에 맞춰 추는 춤인데 느리고 섹시하기도 하고, 비트 있고 출싹거리기도 한다. 그 이유는 블루스라는 음악의 종류가 너무 많기 때문이다. 올드한 델타 블루스부터, 재즈 블루스, 점프 블루스, 시카고 블루스 등등. 여러 장르에 춤을 출 수 있는 매우 여러면을 가진 춤이라고 볼 수 있겠다.

이미지 상의 블루스는 껴안고 춰야 할거 같지만 껴안는 홀딩Holding동작은 생각보다 적고 마주보고 함께 춤을 표현하는 동작이 더 많다.

내가 생각하는 블루스는 커플이 한 곡 동안 자유롭게 음악을 표현하는, 과하지 않고 담백한, 또 적당히 느리고 적당히 섹시하고, 유쾌하기도 한 그런 춤이다.

댄서들은 각자 자신이 추는 춤에 맞는 신발을 맞추는데,

스윙은 운동화나 낮은 굽 구두(주로 케즈나 반스 등의 가벼운 신발을 선호), 블루스도 낮은 굽의 구두를 신는다. 살사는 5~6센티의 굽, 탱고는 9~10센티의 굽이 평균이고 춤과 자신의 발에 맞게 댄스화를 맞춤해서 신는다.

이때 댄스화에 가장 중요한 것이 밑창이다. 보통 운동화는 미끄러지지 말라고 고무를 대지만 댄스화에서 제일 중요한 것은 잘 미끄러지는 것이라 구두건 운동화건 가죽을 붙여서 춤을 추는 바의 플로어에서 부드럽게 출 수 있도록 유지해야한다.

바깥에서 신으면 쓸려서 그 기능을 상실해 버려서 다들 각자 자신전용의 댄스화를 신발주머니에 넣어서 들고 다닌다. 댄스화를 넣은 신발주머니를 들고 다니는 댄서들의 모습은 전 세계에서 공통으로 볼 수 있다.

춤을 추는 공간을 바Bar라고 하고 보통 몇 천 원 정도의 입장료를 내고 들어간다.

입장료를 내고 바에 있는 사람과 춤을 추는 것을 부르는 명칭은 소셜Social이라고 부르는데, 사람을 만나는 사교와 춤추는 것을 모두 소셜로 통치는 것이다.

우리나라 소셜 분위기는 대체로 대화가 적고 춤에 집중한다. 그래서 대화는 보통 뒤풀이에서 이루어지는 경우가 많다. 모르는 사람과도 많이 추는데 대부분 인사하고- 춤추고- 노래가 끝나고– 인사하고가 평균적인 소셜의 모습이다. 그에 비해 외국은 많은 대화를 나눈다. 그래서 영어를 못하면 당황스러울 때도….

살사나 탱고는 스윙보다 전 세계적으로 더 큰 씬을 가지고 있다. 또 요즘 핫한 소셜댄스는 키좀바와 주크다.

여러 소셜댄스 중에 나에게 맞을 것 같은 춤을 한번 배워보면 어떨까?

리스본에서 춤추기

소셜댄스는 우리를 만나게 해주었고, 함께 여행도 떠나게 만들어준 힘을 가진, 멋진 취미이자 예술의 한 분야라 할 수 있겠다.

소셜댄스를 하나 배우면 자연스럽게 다른 소셜댄스에도 관심이 생긴다. 전 유럽에 선풍적인 인기를 끌고 있다는 키좀바 수업이 우리나라에도 생기고, 우리도 한번 배워볼까 생각할 즈음 여행을 가게 되었다. 너무나 신기하게도 리스본에서 첫 번째 머물렀던 집 주인인 레나타의 취미가 키좀바였다. 우리는 너무 신기하고 신이 나서 "우리도 소셜댄스를 춘다. 우린 블루스 댄서다. 키좀바는 어디에서 춰 볼 수 있을까?"하고 물어봤는데, 그녀는 친절하게 춤을 출 수 있는 장소와 시간을 알려주었다.

그때 그녀가 알려준 키좀바 바가 심지어 숙소 바로 앞에 있었을 정도로 포르투갈에서는 키좀바를 자연스럽게 즐기고 있었다.

참고로 키좀바는 앙골라에서 온 아프리칸 댄스라고 한다. '파티'라는 뜻의 키좀바에는 흑인의 영혼이 담겨있다. 앙골라가 포르투갈의 식민지였을 때 만들어진 춤이라고 한다. 하지만 요즘 유럽을 뒤덮은 춤 중에 가장 인기있는 댄스는 '어반 키좀바(혹은 모던 키좀바)'라고 해서 성격이 조금 다르다. 어반 키좀바는 팝에 맞춰서 춤을 추고, 프랑스에서 가장 발달되었다고 한다. 그 때문에 바에서 하는 대부분의 소셜은 어반 키좀바다.

레나타가 알려준 키좀바 바 벨레자에 도착해서 입장료를 내고 자리를 잡자마자, 흑인 여성 세 명의 아프리칸 댄스공연이 있었다. 나는 그 춤에서 소름 돋는 감동을 받았다. 그녀들의 에너지가 피부로 와 찌릿하게 느껴졌다.

사실 이 공연을 보고 너무 멋져서 한국에 돌아와서 아프리칸 댄스를 좀 배우기도 했다. 하지만 아프리칸 댄스는 그 나라사람이 아니면 절대 그 느낌이 나오지 않는 다는 것을 알게 되고… 조용히 접었다.

그 뒤에 브라질의 밴드가 공연을 했는데 그 밴드의 음악도 훌륭했다.

40여 분간 진행된 레게음악 중심의 공연이었는데 그 라이브에 맞춰서 키좀바를 추는 사람도 있었고 아까 그 아프리칸 댄스 추는 댄서들이 프리댄스를 추기도 했다.

우리나라에서도 재즈 라이브에 맞춰서 소셜 하는 파티는 흔해서 덜 감동 받을 줄 알았는데, 난 매우 감동 받았다. 키좀바는 스윙보다 조금 더 본능을 자극하는 원초적인 느낌이 살아 있었다.

공연이 끝나고는 소셜을 하는 시간이 되었는데, 소셜 시간이 되니 클럽처럼 디제이부스가 설치되더니 곧 음악이 흘러나왔다. 비트가 강한 흑인 음악부터 현재 유행하는 팝까지. 거기에 맞춰서 춤을 추고 있는 사람들을 보니 너무 재미있어 보였다. 우리나라랑 다른 점이 있다면 우리나라는 한 곡 추면 인사를 하고 헤어지고 다른 사람이랑 추는데 이곳은 노래가 끝이 안 난다. 한 곡이 끝나기 전에 다음 곡을 겹쳐지게 플레이해서 어색하지 않게 지금 추고 있는 사람과 계속 이어서 춤을 출 수 있다는 것.

우리는 키좀바를 출줄 몰라서 어색하게 앉아있었는데. 거기 댄서들이 매너 좋게 우리에게 춤을 신청해 줘서 드디어 키좀바를 춰볼 수 있게 됐다.

그런데 춰보니까 예상보다 골반을 엄청나게 많이 쓰는 춤이었다. 리더들이 우리의 골반을 미친 듯이 휘둘렀다. 내 평생 흔들 골반을 그 한 시간 동안 다 흔든 기분이 들었다. 난 저질 체력답게 두어 곡 만에 체력을 다 쓰고 앉아서 쉬었다.

근데 이때 사건이 벌어졌다.

난 여행성 변비가 있다. 집 밖에 나오면 못 싼다. 여기 온 지 4일 동안 한 번도 시원하게 싼 적이 없었다. 그래서 한국서 챙겨온 약을 먹었다. 오늘도 아니고 어제 약을 먹었고 숙소에서 한 번 시원하게 보고 왔기 때문에 이젠 나올 거 다 나왔겠지, 하는 마음에 방심을 하고. 지퍼가 등 뒤에 달린 점프수트를 입고 멋을 부렸는데…. 골반이 1시간 넘게 흔들리고 나니 장운동이 되었던 것일까. 소식이 온 것 이었다. 화장실로 달려갔는데 등 뒤 지퍼를 열수가 없었다. 하나님과 엄마를 부르짖으며 지퍼를 겨우 내렸다. 정말 1초만 늦었으면 난 그 먼 포르투갈 땅에서, 섹시한 춤을 추는 키좀바 바에서 바지에 설사한 여자가 될 뻔 했었다. 하나님께 영광을 돌리며 화장실에서 나왔다.

화장실에서 나와서 보니 여성댄서들이 평범한 옷에서 엄청 섹시한 옷으로 갈아입고 있었다. 우리나라에서 소셜댄스는 동호회 문화라 대학교 동아리 같은 느낌이 많이 난다고 하면, 포르투갈은 좀 더 어른스럽다고 해야 하나. 클럽이나 키좀바 바나 차이가 없다는 느낌이다. 그래서 그런가. 화장실에

성인용품이 놓여 있는 것도 컬쳐쇼크였다.

　화장실 들어가기 전에도 화란과 추고 있던 리더가 있었는
데 나왔는데도 계속 추고 있는걸 보고 안 힘든가? 생각하고
있었는데 알고 보니 화란은 거절 방법을 몰라서 계속 추었다
고 했다. 솔직히 어느 곳에나 잘 추는 사람, 못 추는 사람, 매
너가 좋은 사람, 예의 없는 사람, 냄새나는 사람은 있다. 그
보다도 가끔 레어하게 볼 수 있는 존재가 있는데, 그건 작업
거는 껄떡쇠들.

아까 화란이 추던 리더와 나도 춰봤는데, 얼굴이 심각하게 가까이 다가왔다. 2~3센티만 더 가까이 오면 뽀뽀할 지경. 어우 느끼해서 안 되겠다 싶어 2곡만 추고 인사하고 돌아왔다. 화란이 거절을 못 한 게 아니고 그 리더가 작업을 건 게 아닐까하는 결론을 내릴 수밖에 없었다.

사실 이런 소셜파티의 하이라이트 시간은 11시쯤인데 우린 공연 보랴, 길 찾으랴, 설사하랴, 힘들어서 9시쯤 에너지가 다 소비 되었다. 그래서 '우리 집에 갈까?'를 얼굴에 써서 친구들을 바라보니 그녀들도 다 내 표정과 똑같았다. 서로의 지친 표정을 보고 집에 가기로 결정했다. 아쉬움이 없는 건 아니지만 첫 키좀바 소셜은 충분히 성공적이었다.

나중에 벨레자를 소개해 줬던 레나타와 다시 만났을 때 우리에게 물어왔다.

"아시안 걸 세 명이 왔다는 것을 들었는데 딱 너희일 거 같더라. 그런데 왜 그렇게 일찍 간 거야?"

우린 아시안인데다, 3명이고, 덩치까지 짱 커서 어디서나 눈에 띄긴 했었던 모양이었다.
—— 추야

위험천만한 리스본의 택시 탑승기

우리가 사랑했던 레나타의 집에서 두 번째 숙소로 이동할 때 레나타가 친구가 택시 운행을 하는데 차를 불러줄까 하고 물었다. 리스본에서 택시를 잘 못 타면 바가지 요금을 씌우기 십상이라는 말을 들었던 터라 너무나 고마웠다. 통화를 마친 그녀가 우리가 짐이 많으니 조금 큰 밴이 올 거고 운전기사의 이름은 카를로스라고, 건너편에서 기다리고 있으면 그가 우리를 태우러 올 거라고 했다.

"잠깐 잠깐…. 그 사람이 우리를 못 보고 지나치면 어떻게 하지? 카를로스가 어떻게 생겼는지 우리에게 알려줘."

우리는 정말로 너무나 걱정 되어서 진지하게 물었다. 그러자 레나타가 웃으며 말한다.

"걱정 마, 너희 셋이 함께 서 있는데 못보고 지나칠 사람은 아무도 없을 걸."

우리는 안심했지만 금방 올 거라는 그녀의 말과는 달리 한 시간 가까이 카를로스는 나타나지 않았다. 그 사이 여러 대의 택시가 우리 앞에 정차했다. 우리는 그때마다 택시를 붙잡고 카를로스냐고 물었지만 그들은 알 수 없는 이름을 말하며 지나갔다. 혹시 카를로스가 우리를 못 알아보고 지나쳐 버린 건 아닐까, 레나타가 말한 이름이 카를로스 맞아? 우리가 잘못 들었던 거 아니야? 이 말도 잘 안 통하는 낯선 나라에서 오도 가도 못하는 신세가 될까봐 불안함이 극에 달했을 때 택시가 또 한 대 왔다. 분명 카를로스일 거야 반가운 마음에 달려갔지만 그도 카를로스는 아니었다. 화란은 이 택시라도 타자고 했고 추야는 모르는 택시는 바가지요금을 씌울 수도 있으니 조금만 더 기다리자고 했다. 나는 레나타에게 메시지를 보냈다. 그녀는 정말 미안하다며 카를로스와 다시 통화해 보겠다고 했다. 이제 우리는 지칠 대로 지쳤다. 각자 들고 있던 커다란 캐리어는 물론이고 어깨에 멨던 가방도 내팽개친 지 오래다. 택시기사 이름이 카를로스든 까레라이스든 다음에 오는 차는 무조건 타자. 입이 뾰로통 해져서 투덜거리고 있을 때였다. 바람을 가르며 흰색 밴이 나타나 우리 앞에 섰다. 그리고 곧 라이방 선글라스를 쓴 '훤칠한' 젊은 남자가 내렸다.

"카를로스?"

우리는 하트 눈을 하고 외쳤다. 그는 대답 대신 트렁크를 열고 우리의 짐을 하나하나 차에 실었다. 그의 동작은 거침이 없었고 리드미컬했다. 어찌나 멋있는지 뒤에서 배경음악이라도 흐르는 것 같았다. 그는 늦은 시간을 보상이라도 하겠다는 듯 속도를 내며 달렸다. 거침없이 핸들을 틀고 거침없이 끼어들었다. 아슬아슬하게 차들 사이를 지나갈 때마다 격렬하다 싶을 정도로 손을 들고 팔꿈치를 접어 수신호를 던졌다. 알아들을 수 없는 현란한 손동작이었지만 '그래 너 잘났다 임마' 정도의 욕이 아니었을까 생각한다. 나는 괜히 안전벨트를 잘 매고 있는지 한 번 더 확인했다. 목적지에 도착하자 그는 처음 등장할 때 그랬던 것처럼 재빨리 차에서 내려 캐리어를 꺼내주고 미터기에 1.5유로를 더 찍으며 우리가 얼마나 치를지를 보여줬다. 우리는 고개를 끄덕이며 값을 치렀고 그는 다시 바람처럼 사라졌다. 우리는 잠시 멍해서 아무 말도 못하다가 참았던 숨을 토해내듯 한꺼번에 말했다.

"아 트렁크에 싣는 짐 값이 1.5유로인가 봐요."
"와 운전 진짜 거칠더라."
"근데 진짜 잘생기지 않았어요?"

어쨌거나 제 시간에 도착했다. 이제 두 번째 숙소 주인을 만나야 한다.

\# 위험천만한 택시를 타고 리스본의 두 번째 숙소로 가는 길

리스본의 두 번째 숙소

두 번째 숙소 주인, 누노는 우리를 보자마자 양 볼에 입을 맞추는 포르투갈 식으로 인사했다. 그도 우리도 어딘지 한껏 들떠 있었다. 그는 집을 안내해주고서 짧게 동네 투어까지 해주었다. 마트는 어디 있는지, 시내로 가는 버스 정류장은 어디 있는지, 버스카드 충전하는 법도 알려주었다. 아모레 쇼핑센터 안에서 리스보아 카드를 충전하면 지하철에서 하는 것 보다 10퍼센트가 세이브 된다. 시내에서 조금 떨어진 조용한 동네였지만 곳곳에서 공사 중이었다. 누노는 요즘 리스본 어디를 가나 공사 중이라고 서울도 그런지 물었다. 오래되고 낮은 건물이 사라지고 고층 건물이 들어선다. 서울도 마찬가지라고 대답했다. 그는 그나마 이 동네는 건물의 외관은 보존하는 분위기라 다행이라고 했다. 공사 중인 건물을 지나쳐 언덕길을 오르고 좁은 아치를 통과하니 시야가 탁 트인 장소가 나왔다. 그가 알파마 지구가 한눈에 내려다보이는 곳으로 우리를 안내한 것이다. 붉은색 지붕을 내려다보며 그가 물었다. 처음 유럽을 방문한 기분이 어때? 그러고 보니 리스본이 우리의 첫 유럽 여행지구나. 언덕 위에서 불어오는 시원한 바람이 머리카락을 쓸고 지나간다. 괜히 숨을 크게 마셨다가 내뱉었다.

스페인 & 포르투갈에 춤추러 가자

\# 숙소 주인의 안내를 받으며 동네 구석구석을 둘러 봤다.

그가 가고 우리는 숙소에 짐을 풀었다. 숙소는 복층으로 된 빌라였고 세련된 인테리어로 꾸며져 있었다. 벽 한 쪽 면은 서핑 보드가 세워져 있었고 책장을 칸막이로 사용했는데 두꺼운 책들 사이에 작은 불상이 놓여 있었다. 집 주인의 취향을 짐작해 볼 수 있었다. 계단을 따라 올라가면 위층은 나무 바닥에 일본식 다다미가 깔려 있었고 그 위에 넓은 매트리스가 있었다. 푹신한 매트리스 위에 누워 봤다. 천창으로 들어오는 부드러운 빛을 보고 있으니 여기가 천국인가 싶었다. 화란이 '허리가 아플 땐 뭘 해야 좋을까'하고 물었다. 나는 그 자리에서 몇 가지 요가 동작을 알려줬다. 무릎을 꿇은 상태에서 엎드려 팔을 앞으로 뻗는다. 그대로 긴장을 풀고 잠시 쉰다. 화란과 추야가 자연스럽게 요가 동작을 따라했다. 여행지에서 요가 하는 그 모습이 하도 그럴 듯해서 깔깔 거리며 사진을 찍었다.

리스본 # 숙소 # 요가 # 숙소인가아쉬람인가

젊음의 거리 박시아 시아두에서 파두를

오늘 친구와 함께 파두 공연을 보러 갈 건데 같이 가지 않겠느냐고 누노가 우리를 초대했다. 우리는 기꺼이 초대에 응했으나 그가 건네 준 약속 장소가 적힌 쪽지 앞에서는 잠시 당황했다.

"Baixa-Chiado, Brasileira"

필기체로 휘갈겨 쓴 이 글씨는 거의 암호에 가까웠다.

\# 암호에 가까운 글씨

\# 그녀들은 열심히 암호 해독 중

약속 시간이 가까워지자 우리는 카페에 앉아 커피를 주문하고 한숨을 돌린 뒤 암호 판독에 들어갔다. 구글 맵 검색을 통해 '브라질리아Brasilira'라는 이름의 카페가 있다는 것을 확인하고 위치를 찍어 누노에게 보내며 우리가 만날 곳이 이곳이 맞느냐고 물었다. 돌아온 누노의 답은 역시 암호 같았다. '잘 찾았네. 하지만 지도는 잠시 잊어.' 나중에 알고 보니 브라질리아라는 포르투갈의 위대한 소설가이자 시인인 페르난도 페소아Fernando

Pessoa가 즐겨 찾던 카페고 지금은 가장 유명한 관광 명소다. 그리고 박시
아 시아두 역 바로 앞에 있었다.

\# 박시아 시아두 역 앞

\# 카페 브라질리아. 코앞에 두고 어렵사리 찾았다.

어쨌든 누노를 무사히 만나 기네스북에 올랐다는 가장 오래된 서점을 구경하고, 메뉴판에 영어도 사진도 없는 긴 테이블에 모든 손님이 자연스레 합석하게 되는 포르투갈의 전형적인 식당에서 우리의 여행 한 달을 통틀어 통틀어 가장 맛있었던 와인을 마셨다. 갓 구워진 에그 타르트가 나올 때마다 종이 울리는 상점에서 계피를 잔뜩 뿌린 에그타르트를 먹었고 파두 공연이 있을 거라는 아주 작은 술집에 갔다. 그리고 그의 친구 카를로스가 동행했다. 어제 우리를 태워주었던 잘생긴 카를로스와는 다른 카를로스다. 곱슬거리는 회색 단발머리에 커다란 코, 작은 키의 카를로스는 만화 속 캐릭터 같았다. 그의 직업은 화가, 오늘은 암 병동에 있는 환자들의 초상화를 그려주는 일을 하고 왔다고 했다. 세상 존재하는 모든 것에서 아름다움을 찾는 그의 감수성은 우리가 감당할 수 있는 수준의 것이 아니었다. 추야와 화란은 어느새 카를로스와 떨어져 저 만치서 걸어가고 있다. 나는 누노와 카를로스 사이에서 걸어가며 끊이지 않는 한국 여성에 대한 칭찬을 묵묵히 받아들이며 걷고 있었다. 앞서가는 추야와 화란이 한국어로 이야기 하며 까르르 웃자. 카를로스가 감탄하며 말하다.

"한국어는 어쩜 저리 아름답지? 아름다운 한국 여성이 말하기 때문일까."

나는 애써 웃음을 참으며 물었다. "한국어를 들으면 어떤 느낌인데?"

카를로스가 사용한 셀 수 없이 많은 미사여구를 이곳에 모두 옮기지 못하는 게 아쉽다. 간략하게 말하자면 '뷰티풀'하고 '미스테리'하고 '엑조틱'하고 '큐리어스'하고 또 '뷰티풀'하단다. 하핫.

\#   식당을 나와 길을 걷는데 종소리가 들렸다. 갓 구워진 에그타르트가 나왔다는 신호란다.

\# 파두 공연이 열리는 카페

파두 공연이 시작되자 옆에서 카를로스가 가사의 내용을 설명해 줬다. 이별의 상처를 겪은 여자가 슬픔을 극복하고 다시 일어서는 내용이란다. 그녀의 목소리는 애절하고 비통했다가 힘 있고 활기차게 바뀐다. 짧은 모놀로그를 보는 것 같다.

누노에게 벨레자에서의 댄스 경험을 이야기했더니 포르투갈 사람들이라면 누구나 춤을 출 수 있다고 했다. 어렸을 때부터 가족끼리 모여 추는 춤이라 엄마랑 할머니랑 춰도 전혀 어색하지 않다고. 그리고 원한다면 춤을 추러 가자고 제안했다. 우리는 당연히 그러자고 했다.

젊음의 열기가 가득한 엥카르나상Encarnacao 거리를 춤을 추기 위해 걷는다. 음악이 흘러나오고 있는 작은 바에 들어가 춤을 추다가 음악이 마음에 들지 않으면 또 나와 다른 곳으로 옮긴다. 빠른 음악에 당황하고 있으면 눈이 유달리 맑은 소년이 다가와 스텝을 알려 주기도 했다. 이제는 바를 나와 걸을 때도 춤을 추듯 스텝이 밟아진다. 비가 후두둑 쏟아지기 시작했고 우비를 꺼내 입었다. 누노는 우비 입은 모습이 너무 귀엽다며 내 손을 잡고 한 바퀴 턴을 돌리더니 노래를 부르기 시작했다. 내리는 빗속에서 스텝을 밟고 턴을 돌며 널찍한 공원에 도착했다. 어느덧 비는 그치고 눈앞에는 밤의 불빛이 아름다운 리스본 시내 야경이 펼쳐졌다. 나중에 알고 보니 이곳의 이름은 미라도르 상 페드루 데 알칸타라Miradourdo Sao pedero de Alcantra. '미라도르'는 전망대라는 뜻이라 하니 우리가 어느새 전망대에 올라 있었던 것이다. 이때 본 풍경은 두고두고 기억난다. 한국으로 돌아와 리스본이 그리워 본 영화 〈리스본행 야간열차〉에서 이곳의 풍경이 나와 무척 반가웠다.

— 소리아

\#   기네스북에 올랐다는 세계에서 가장 오래된 서점. 누노가 사진을 찍자고 제안했다. 기념 사진찍는 포인트를 제대로 아시네.

하얀 천이 깔린 긴 테이블에 여러 팀이 같이 앉는다. 바로 옆에 낯선 사람이 있지만 마치 동네 친구를 만난 것처럼 반갑게 안부 인사를 나누고 자리에 앉았다.

알칸토라 전망대에서 바라본 리스본 시내 영화 리스본으로 가는 야간열차에 나오는 그 장소다.

리스본의 로맨틱한 밤

새로운 집주인의 이름은 누노. 그는 요가 인스트럭터고, 연극 선생님이고, 키좀바 댄서이고, 써퍼라고 했다. 요가 인스트럭터이자 성우이고 블루스 댄서인 소리아와 참 이미지가 겹치는 사람이었다.

누노는 재미있는 사람이었는데 앞으로 뭘 할 거냐고 해서 카보 다 로카Cabo da Roca에 갔다 올 거라는 이야기를 했더니 갔다 오면 파두를 볼 수 있는 곳을 소개시켜 주겠다고 했다. 우린 카보 다 로카에 갔다 와서 그의 안내에 따라 리스본 맛집에서 밥을 먹고 작은 펍에 갔다.

파두를 공연하는 이 펍은 정말 작아도 그렇게 작을 수가 없었다. 인구 밀도가 상상을 초월할 정도다. 우리나라였다면 바로 박차고 나올 정도의 불편함. 하지만 우린 여행자이고 마음이 한껏 열린 상태기 때문에 좁음은 그리 문제가 되지 않았다.

겨우 자리를 잡고 앉아서 누노에게 추천받은 상그리아를 마셨다. 상그리아라고 불리는 술을 많이 마셔봤지만 이제껏 먹은 상그리아는 전부 상그리아가 아니었다. 이곳에서 마신 상그리아는 달지 않고 온갖 과일의 향이 느껴지는데 쓰거나 떫은 맛이 전혀 없었다.

맛있는 상그리아 때문에 기대감이 한껏 올라간 상태에서 곧 음악이 시작 됐다. 공연은 소개 멘트도 없이 자연스럽게 시작됐다. 손님과 섞여 앉아 있던 파두 가수가 일어서서 그 자리에서 노래를 불렀다.

파두 기타의 낭랑한 소리와 구성진 파두소리가 그 좁은 펍을 가득 채웠다. 좁았기 때문에 더 소리가 강렬하게 들린 것일 지도 모르겠다.

여자가수 남자가수 한 명씩 공연을 했는데, 둘의 매력은 전혀 달랐다. 여성의 하이톤에서 오는 감성과 남자의 강렬한 표현. 하지만 둘에서 함께 나타나는 정서는 한과 비슷한 느낌이 들었다. 고난을 겪으면 다들 비슷한 예술이 탄생하나 보다. 마치 우리의 창가 같은 느낌이랄까.

집에 돌아와서 파두를 다시 들어보고 싶어서 검색했는데 씁쓸하게도 포르투갈은 파두를 정책적으로 이용했다고 한다. 이른바 3F정책.

풋볼(스포츠), 파티마(마리아의 현신을 뜻함-종교), 파두(음악)를 뜻하는데 포르투갈의 독재자 올리베이라 살라자르가 국민들을 세뇌하기 위해 만든 정책이라고 한다. 국가의 정책 실패, 또는 착취로 인한 괴로움을 개인의 탓으로 돌려 국가에게 해결을 요구하는 것이 아니라 파두로 위로하게 했다고 한다. 어디서 많이 본 듯한 방식이어서 두 배의 씁쓸함이 느껴졌다.

공연을 보고난 후 누노가 친구와 반갑게 인사했다. 이곳은 이 동네 사람들의 사랑방 같은 술집인가 싶었다. 그와 함께 3차에 가게 되었는데 카를로스라는 그 친구는 페인터라고 했다. 우리도 일러스트를 그린다는 이야기를 하며 그도 키좀바를 춘다고 했다. 포르투갈 국민은 모두 키좀바를 추나 라는 생각을 잠시 했더랬다.

서로가 배운 춤이 어떤지 춰보자며 박시아 시아두 거리 한복판에서 음악을 틀고 춤을 췄다. 블루스 음악을 핸드폰으로 켜고 화란과 춤을 추었는데 나름 로맨틱한 그림이 나왔다. 아직도 사진을 찍은 것처럼 각인 된 추억이다.

블루스를 들은 누노는 그 노래는 너무 올드하다고 말했다. 우린 "맞아. 이 노랜 40년대 음악이라 올드해. 그게 매력이야." 물론 영어가 짧아서 전달됐는지는 모르겠지만….

그리고 우리가 3차로 간 곳은 아주 좁은 클럽이었다. 편견인지 모르겠지만, 포르투갈은 밤 문화가 그다지 발달하지 않은 것 같기도 하다. 누노와 카를로스는 둘 다 키좀바 댄서여서 클럽 음악에 키좀바를 추었고, 주변 사람들은 살사를 주로 추는 듯 싶었다. 난 구경하다 그냥 한번씩 추거나 쉬었다.

그때 어떤 흑인이 와서 춤을 신청했다. 난 신청을 받고 살짝 긴장했다. 어쨌건 누노나 카를로스는 내가 키좀바나 살사를 못 춘다는 것을 아니까 같이 출만하겠지만…. 모르는 사람이랑 추면 내가 못 춘다는 걸 모를 텐데… 어쩌지? 음악 한곡을 망치진 않을까? 라는 생각이 빠른 속도로 지나갔다.

근데 그것은 기우였다. 그는 흔히 말하는 고수였다. 그의 능숙한 리딩에 난 한 스텝도 망치지 않고 한곡을 정말 즐겁게 췄다. 감동을 받은 길에 짧은 영어로 즐거웠다고 말하고 자리로 돌아오려고 하는데 그가 팔을 붙잡고 말을 걸었다.

뻔한 대화였다.

"어디서 왔어?"
"한국"
"오 서울? 서울은 리스본보다 좋니?"
"아마도?"

내 대답에 그는 즐겁게 웃었다.

우리나라에서 소셜이라함은 인사하고 춤추고 노래끝나면 안녕 이런 느낌이라면 이곳은 한 곡 추고 나서 충분한 대화를 나눈다. 진짜 '소셜'을 하는 것이다.

난 한국식 소셜문화에 익숙하고, 사회성도 부족한 사람이라서, 아무리 좋은 느낌으로 사람이 다가와도 부담스러울 뿐이었다.

그래서 계속 말을 거는 그의 말을 끊고 자리로 돌아와서 집에 가자고 징징댔다. 다리도 아프고 피곤하고 담배냄새도 심하니까 집에 가고 싶다고. 그래서 일행들도 다 밖으로 나오게 되었다.

비가 추적추적 내리기 시작했다.

난 문득 좀 우울했다. 뭔가 또 제자리걸음을 한 기분. 친구 하나도 못 사귀는 내가 좀 한심하게 느껴지긴 했다.(물론 그가 계속 말을 건 것이 친구하자는 의미만은 아니었을 테지만)

비를 맞으면서 걷는데 누노와 카를로스가 걷기 좋은 공원이 있다며 데려가 줬다. 그곳은 리스본행 야간열차에서 나왔던 제레미 아이언스가 처음 리스본에 도착해서 앉아 있던 바로 그 공원이었다. 오래 걸어야 해서 '굳이 여기까지 와야 했나?'하는 생각을 잠시 했는데 그 야경을 보고 그런 마음이 들었던 게 미안해 졌다.

이곳은 밤에 꼭 한번 가보기를 권한다. 낮에도 아름답지만 밤엔 조금 더 아름다우니까. 그렇게 로맨틱한 밤은 지나고 리스본의 날들도 끝났다.

—— 추아

우주를 담은 대서양

[CABO DA ROCA]

카 ◆ 보 ◆ 다 ◆ 로 ◆ 카

우주를 담은 대서양

카보 다 로카, 우주를 담은 대서양

열차를 타기 전에 우리는 늦은 아침을 먹기 위해 시내로 나갔다. 소리아의 친구가 리스본 근처에 있는 맛집을 알려주었다. 리스본의 마지막 날이어서 근사한 식사를 하기 위해 맛집을 찾아가기로 했다. 맛집 근처에 다 왔는데도 정작 식당은 보이지 않았다. 열차 시간도 다가오고, 배도 고파서 맛집은 포기하고 적당한 식당에 들어가 밥을 먹기로 했다. 그런데 막상 식당에 들어가려는데 또다시 고민이다. 조금 더 가면 맛있는 식당이 나올지도 몰랐지만, 결국 허기를 이기지 못하고 길모퉁이에 있는 작은 식당에 들어갈 수밖에 없었다.

아침식사를 하기에는 늦고 점심을 먹기엔 이른 시간이라 사람이 많지 않았다. 샐러드와 연어구이, 아로즈 드 마리스코 Arroz de Marisco(해물밥)을 시켰다. 추야가 선택한 리스본 추천요리인 아로즈 드 마리스코가 어떤 맛인지 궁금했다. 해물을 좋아하지 않는 나는 맛만 보려고 했는데, 숙취로 고생하던 차에 해장하기에 딱이었다. 비린 맛도 없이 진한 육수와 함께 식감이 살아있는 밥을 먹자 속이 다 풀렸다. 음식이 조금만 비려도 못 먹는 나는 이번 여행을 통해 친구들이 추천한 음식들을 먹으며 바다의 맛이 무엇인지 알게 됐다. 한국에서 포르투갈과 스페인을 생각하면 고소한 바다 맛이 떠오른다.

신트라를 갈 때 경험했던 열차인지라 한결 부담감이 덜했다. 그래도 나는 열차 안에서 마음 편히 눈을 감을 수가 없었다. 추야와 소리아는 피곤했는지 금세 잠이 들었다. 추야가 가지고 온 유심으로 핫스팟을 켜서 인터넷을 보다, 너무 느려서 화병 날까봐 껐다. 역에서 내려 버스를 탔다. 버스는 구불구불한 도로를 달렸다. 시내를 지나서 점점 인적이 드물어지더니 드디어 바다가 보이는 카보 다 로카에 도착했다. 포르투갈에서 유명한 곳이라 그런지 관광객이 많았다.

우리는 버스에 내려 땅끝을 향해 걸어갔다. 대서양이 서서히 내 눈앞에 펼쳐졌다. 하늘에는 회색빛 구름이 넓게 깔려있고, 그 아래에 거친 파도가 넘실거리며 우리를 맞이했다. 대서양의 광활함에 놀랐다. 정말 저 너머에 끝없이 펼쳐질 우주 같은 바다가 있겠구나 싶었다. 대륙과 대륙 사이의 공간이 우주처럼 느껴졌다. 화면이나 사진에서는 담을 수 없는 그 공간감은 나에게 경외감을 불러일으켰다. 파두는 바다로 떠난 남자들을 그리워하는 마음을 담은 노래라는 이야기를 들은 적 있다. 어떻게 저 거친 파도를 헤치며 바다로 나아가겠다는 생각을 했을까? 떠난 사람을 애달프게 그리워하다 저 멀리서 배의 돛대가 보였을 때 기다리던 이가 어떤 마음이었을지 아주 조금 이해할 수 있을 것 같았다.

우리는 울타리를 넘어 절벽 가까이에 앉았다. 구름이 걷히면서 간간히 햇빛 몇 줄기가 내려왔다. 우리는 바다를 한참 바라보았다. 바람 속에 시간이 묶여있어 시간이 흐르고 있지 않은 기분이 든다. 시간이 없는 공간 속에 덩그러니 앉아 있으니, 우주의 무중력 공간에 떠 있는 듯 했다. 오래 앉아 있으니까 좌골 신경통이 슬슬 도졌다. 우리는 검은 바위가 보이는 절벽까지 걸어가기로 했다. 간간히 빗줄기가 떨어졌다. 비가 많이 오면 어쩌나 하는 마음에 흐린 하늘을 바라봤다. 낮게 떠다니는 구름들이 바람에 멀리 떠나갔으면 좋겠다. 항상 여행을 하면 날씨가 많이 신경 쓰인다. 여행을 하면 흐린 날도 좋고, 맑은 날도 좋다는 걸 알면서 여행에 대한 기대와 함께 날씨 걱정도 같이 온다.

잡생각에 빠진 나를 카보 다 로카가 낯선 세상으로 이끌어 준다. 완만하고 넓은 언덕과 해안가 절벽 길을 하염

\# 땅끝에 서서 끝없이 펼쳐진 대서양을 내려다본다. 저절로 마음이 트이는 기분. 추야는 수첩을 꺼내 스케치하기 시작했다.

없이 걸으며 대서양에서 부는 바람을 맞는다. 바람 소리에 귀가 웅웅거려 친구들의 말도 잘 들리지 않았다. 한발한발 앞으로 걸을 때마다 조금씩 달라지는 카보 다 로카를 바라봤다. 한 두 방울의 빗방울도 무거운 회색 하늘도 거친 바람도 그 모든 것이 완전하다.

아쉽게도 우리가 가려던 곳은 중간에 길이 끊겼다. 깎아지른 듯한 절벽까지는 아니지만 경사가 심해서 걷기에는 위험했다. 뒤 돌아서서 작은 초목이 우거진 언덕으로 올라갔다. 가시 돋친 초목 사이에 여러 갈래로 좁은 길들이 나 있다. 가시에 찔리지 않게 걸어갔지만, 얇은 면 레깅스를 입고 가서 살짝만 찔려도 가시가 살갗으로 바로 들어왔다. 언덕 중간에 놓여 있는 바위에 젊은 남녀가 앉아 있었다. 멀리서도 그들의 달달함이 전해졌다. 우리는 부러워하며 삐죽삐죽 가시밭길을 나란히 걸었다. 바위에 앉아 있었던 젊은 커플이 바위에서 사라졌다. 우리는 바위가 있는 쪽으로 걸어갔다. 그곳에 앉아 있으면 전망이 좋을 것 같았다. 예상대로 바위는 언덕과 바다를 한 눈에

스페인 & 포르투갈에 춤추러 가자 /

볼 수 있는 명당이었다.

나는 아까 그 연인들처럼 바위에 걸터앉아, 나만 볼 수 있는 상상 속 남자친구와 달콤한 한때를 보냈다. 이런 나를 두고 소리아와 추야는 보기 흉하다고 면박을 준다. 거센 바람 덕분에 하늘은 파란 얼굴을 내비쳤다. 음악을 틀고 이런저런 이야기를 나누었다. 여행 이야기, 춤 이야기, 남자 이야기 등 웃고 떠들며 많은 이야기를 나누었다. 친구들을 더 많이 알 수 있게 되었고, 우리가 같은 공간에 머물며 같은 추억을 가질 수 있는 것이 좋았다.

노을을 뒤로 한 채, 버스 정류장에서 버스를 기다렸다. 어느 여행자가 우리에게 길을 물어본다. 우리는 어느새 그 길을 가르쳐주는 입장이 되었다.

항상 누군가에 도움을 받으며 길을 찾았는데, 이제 이곳이 조금 익숙해져 마음이 한결 여유로워졌다.

\# 여행은 쉬는거야 \# 누워서 바라보는 풍경은 또 색다르다

대서양 바다를 보고 있는 우리들.

어 저 너머에
아메리카 대륙이
있겠네.

\#   카보 다 로카 _ 좀 흐린 날 와서 안타깝다 싶었는데 하늘이 점점 맑아진다

땅끝마을도착 인증. 듣기로는 이곳에서 인증서도 만들어 갈 수 있단다

파로 – 뜻밖의 일정

파로는 일정에 전혀 없었다. 추야가 세비야로 가기 전에
하루가 뜬다고 하자, 소리아가 해변이 멋있는 파로에 가자
고 했다. 숙소에서 열차 역까지 택시를 타고 갔다. 공금을
담당하는 나는 택시비를 계산하기 위해 앞자리에 앉았다.
혹시나 바가지를 쓸까봐 내심 걱정이 앞섰다. 운전사 아저
씨를 곁눈질로 살짝살짝 쳐다봤다. 어디 바가지 씌울 관상
인가 아닌가 나의 촉을 세웠다. 수염을 기른 무뚝뚝한 얼굴
에 좀 불친절해 보이는 것이 바가지요금을 씌울 것 같기도
하고, 아닌 것 같기도 하다. 기본 택시요금을 조사하고 나
올 걸 하는 후회가 밀려왔다. 추야가 늘 조사를 잘 하는 바
람에 사전조사에 대한 필요를 느끼지 못했다. 능동적이고
적극적으로 행동해야할 나의 여행 행동지침이 시간이 지
날수록 게을러지고 있다. 이러다가 두 번째 단추도 못 끼
울 것 같다. 숙소 주인 누노는 열차 역까지 가도 요금이 많
이 나오지 않는다고 말했지만, 여행자를 상대로 한 바가지
요금을 피할 방법은 없을 것 같았다. 다행히 누노가 알려
준 수준만큼 택시비가 나왔다. 택시기사 아저씨는 첫인상
과 달리, 친절하게 트렁크에서 무거운 짐도 꺼내 주었다.

역에 일찍 도착해서 전광판에 우리가 탈 열차 시간이
나오지도 않았다. 열차 시간을 기다리면서 기차역을 돌
아봤다. 상점은 아직 열지 않았고, 콘크리트로 만들어
진 역은 도시화된 모든 것들처럼 익숙한 건조함을 풍기

고 있다. 이런 문명을 벗어나기 위해 자연과 유적지가 있
는 곳으로 여행을 다니는 것 같다. 열차에 올라타기 전 승
무원에게 표를 보여주면서 파로로 가는 열차가 맞느냐
고 물어 보았다. 열차를 올라타서도 탑승객에게 재차 물
어 보았다. 이러고 싶지 않은데, 왜 자꾸 불안한지 내 눈
과 내 귀를 의심한다. 항상 어딘가로 이동할 때면 불안과
걱정이 끝없이 올라온다. 패키지여행은 여행사가 불안과
걱정을 비용으로 대신 해결해 주는 것 같다. 갑자기 패키
지로 떠나는 여행경비가 싸게 느껴졌다.

  소리아와 추야가 같이 앉고 난 따로 앉게 되었다. 딱히 할
일이 없어, 글을 쓰려고 아이패드를 꺼내 몇 자 글을 쓰려고
했지만, 그만두고 차창 밖을 구경했다. 이동하기 직전에 그
렇게 괴롭고 불안하다가도, 이렇게 한가로이 목적지로 향
하는 순간이 좋아 여행을 다닌다. 괜히 안
하던 생각들도 떠오르고, 쓰지 않던 글도
쓰고 싶고, 인생의 새로운 전환점에 서 있
는 것 같은 착각을 불러일으킨다. 여행 갔
다 오고 나도 인생은 여전하지만, 이 순간
만큼은 나의 삶이 다른 레일로 옮겨지는 계
기가 되지 않을까라고 늘 생각한다. 여행을
통해 삶의 변화를 꿈꾸지만, 갔다 오고 나
도 그렇게 큰 변화는 느끼지 못한다. 그래
도 또 그런 바람으로 여행을 다시 떠난다.

파로 역에 내리니 뜨거운 태양과 파란 하늘이 우리를 맞이했다. 이 정도 날씨면 파로의 해변에서 수영을 할 수 있을 것 같았다. 숙소가 역에 가까워서 캐리어를 끌고 숙소까지 걸어갔다. 날씨가 좋으니 발걸음도 가벼워진 걸까. 캐리어 끄는 소리가 경쾌하게 느껴진다. 이번 숙소는 집을 단독으로 사용하는 숙소가 아니라 게스트 하우스였다. 입구가 좁은 계단을 캐리어를 들고 낑낑거리며 올라갔다. 이번 숙소는 조금 클래식한 분위기를 풍긴다. 나무가 광택으로 번쩍거려 조금 촌스러웠는데, 그게 더 이국적인 매력으로 다가왔다. 하루만 묵기로 해서 짐은 풀지 않고 수영복 위에 간편한 옷으로 갈아입고, 세비야로 가는 버스표를 끊기로 했다. 매표소를 찾는데 도대체가 매표소가 보이지 않았다. 늘 엉뚱한 곳에서 헤맨다. 여행 스케줄을 짤 때는 헤매는 시간을 따로 마련해야겠다. 큰 버스 터미널을 한 바퀴 돌아도 보이지 않아 일단 눈에 보이는 사무실에 들어가 직원에게 물어봤다. 버스 터미널 외관에 있을 것이라고 예상했는데 매표소는 건물 안에 들어가 있었다. 나의 근거 없는 편견과 판단을 여행하면서 자주 만난다. 나름 열린 마음과 확 트인 사고방식을 가지고 있다고 생각했는데. 밝은 밖과는 달리 안은 어둑어둑했다. 소도시의 특유의 소박한 매표소가 어둠 속에 웅크리고 있었다. 이렇게 숨어있으니 쉽게 찾을 수가 있었겠나. 세비야 버스표를 예매해 놓으니 마음만은 벌써 스페인에 도착한 기분이다.

—— 화란

\# 파로 \# 화창하다 \# 수영할수 있겠지?

　　# 파로 기차역

스페인 & 포르투갈에 춤추러 가자 /

잊을 수 없는 파로의 석양

게스트 하우스의 매니저가 지도를 꺼내 어디를 어떻게 여행하면 좋을지 꼼꼼히 설명해준다. 우리는 꼭 필요한 정보만 기억했다. 그것만 겨우 알아들었다는 표현이 맞겠다. 올드 타운, 마트, 바다! 해변으로 가는 버스를 기다리는 동안 부드럽고 시원한 바람이 머리를 스쳐 기분 좋았다. 하지만 대기 시간이 30분이 넘어서자 점점 불안해졌다. 우리가 기다리는 버스가 오기는 오는 것일까. 여기가 버스 정류장이 맞기는 맞는 것일까. 우리와 함께 온 저 아주머니도 아직 앉아 계시니 좀 더 기다려 보자. 불안함이 극에

달할 때 쯤 버스가 왔다. 파로 시내를 통과해 고즈넉한 바닷가에 도착했다. 이때부터 신났다. 여행 전 친구가 빌려 주며 입어보고 꼭 인증샷을 찍어 오라했던 비키니 미션도 수행하고 모래사장에서 찰스턴 스텝도 밟아 보고, 모래사장에 커다랗게 이름을 써보기도 하고 고요한 바닷가에서 우리 셋만 시끄러웠다. 남쪽이라고 해도 10월이다. 물은 굉장히 차가웠다. 바닷가 근처를 산책하며 조용히 앉아 있던 사람들이 신기한 눈으로 우리를 쳐다봤다. 하늘이 점점 석양에 물들며 주황빛으로 바뀌고 있었다. 이제 바다도 모래도 건물도 시선 닿는 곳은 모두 노을을 머금고 있다. 우리는 예쁘다, 예쁘다. 감탄사를 연발하며 해지는 바다를 향해 걸었다. 완벽하게 동그란 해가 찬란한 빛을 바닷물에 산란시키며 점점 사라지고 있었다. 바다 밑으로 해가 완전히 사라질 때까지 자리를 뜰 수 없었다. 이렇게 아름다운 광경을 두 눈으로 직접 보다니 믿을 수가 없었다.

\#   바닷가에서 해지는 풍경을 바라보는 게 소원이었다. 다른 건 몰라도 그거 하나는 꼭 하고 싶었다. 직접
눈으로 보는 해지는 풍경이 이렇게 아름다울 수 있으리라고 는 상상도 못했다.

　숙소로 돌아가기 위해 버스 정류장을 향해 천천히 걸었다. 좀 전에 노을을 마주한 감동이 몸에 남아있던 탓에 서두를 수가 없었다. 해가 사라진 뒤의 하늘은 핑크빛이다. 곧 있으면 깜깜해질 테지만 지금의 하늘빛이 너무 아름다워 영원히 이 시간에 머물고 싶었다.

　버스가 오기 까지 한 시간 가까이 남은 것 같다. 해가 사라진 뒤의 바닷가에서 불어오는 바람은 꽤 쌀쌀하다. 달달 떨며 서로의 몸을 가까이하고 스카프를 덮어 썼다. 버스가 오기까지는 아직도 한참을 남았다. 우리 앞에 있던 커플은 버스를 기다리나 싶더니 히치하이킹을 해서 떠났다. 우리도 해볼까 말은 해보지만 자신은 없다. 버스가 오기는 오겠지? 안 오는 건 아니겠지? 이러다 여기서 얼어 죽는 건 아니겠지? 이곳에 오기 전 버스가 오지 않아 했던 고민보다 더 심각하고 진지하게 걱정했다. 그러니 버스가 도착했을 때 얼마나 기뻐했는지는 충분히 짐작할 수 있으리라. —— 소리아

처음이자 마지막의 기차여행 – 리스본에서 파로

리스본을 떠나는 아쉬움이 가득했다. 새벽 공기를 마시면서 여긴 꼭 다시 오겠다고 마음에 품고 기차역으로 향했다. 늘 그렇듯 나는 플랫폼을 헷갈렸고 오르락내리락 했다.

강박증 있는 화란씨 덕분에 우리는 일찍 도착해서 좀 헤매더라도 기차를 놓칠 걱정은 없었다. 내가 걱정 하는 단 한 가지가 있다면 짐을 통째로 훔쳐간다던 도둑이다. 로시우에서도 내 가방을 열던 로마니와 눈이 마주친 적이 있었기에 난 너무 겁을 먹었다. 가방 안에 필요한 모든 게 들어있는데 털리면 어떡하나라는 걱정이 좀 과하게 들었다.

가방 도둑 무서워서 한국에서부터 사온 자전거 자물쇠를 꺼내서 짐 3개를 기차 손잡이에다 묶었다. 근데 문제는 잠그고 나니 비번이 기억이 안 나는 것. 서울의 친언니에게 SOS를 쳤다. 언니가 너라면 뻔히 비밀번호를 잃어버릴 테니 사진 찍어 두겠다며 비밀번호를 찍어 두었는데 그게 정말 필요할 줄은…. 여행 내내 도움을 주었던 언니에게 심심한 감사를 표하고 싶다.

숙소에서 씻어온 과일과 간단한 빵을 꺼내 기차에서 먹으며 우린 수다를 떨었다. 여행과 사랑을 주제로 마냥 수다를 떨 수 있을 것 만 같았다. 두 시간쯤 달려서 파로에 다다랐다. 기차역에서부터 우리에게 쏟아지는 강렬한 햇빛. 남유럽의 햇빛은 이때 다 받았는지도 모른다. 황금빛 태양이 정수리에서 뜨겁게 빛났다. 이곳에서 머무는 시간이 하루밖에 남지 않아서 꼭 바닷가에 가겠다는 일념으로 해변으로 가는 버스를 주인에게 물었다. 불행히도 우리가 타야할 버스는 한 시간에 1대인데 막 지나가 버렸다. 우린 수영을 하기 위해 벌써 비치웨어로 차려입었는데. 시계가 4시를 향해 달려갔다. 한 시간은 버스를 기다리고 또 20분 넘게 걸려 해변에 왔는데 이미 시간은 4시가 넘은 상황. 태양이 점점 아래로 내려가서 물에 들어가긴 추운 날씨가 되었다. 우린 다리까지만 물에 넣어보고 수영은 포기했다. 태양이 저문 10월의 바다는 물에 들어가긴 너무 차가웠다. 몸을 못 담구는 아쉬움은 있었지만 그래도 긴 해안가를 산책하는 즐거움이 있었다. 파로의 해변은 해운대처럼 아주 긴 해변이었다. 양쪽 끝이 잘 안보일 만큼. 거기서 연을 날리는 아빠와 딸이 마치 그림처럼 아름다웠다. 하늘을 나는 연이 하늘에 그림을 그리는 것을 구경하고, 맑은 물에 발을 첨벙 대고 서로 사진을 찍어주고.

그러다보니 어느새 허기가 졌다. 우린 야외에 테이블이 놓인 식당에 들어갔다. 평범한 이탈리안 요리를 파는 식당이었고 우린 피자와 파스타를 골고루 시켰다. 기대를 하나도 안하고 바다를 보면서 밥을 먹기 위해 들어온 식당이었는데 음식이 맛있었다. 내가 시킨 피자는 크기도 크고, 양도 많고 가격도 적당하고 만족스러운 식사였다. 화려한 빛을 뿌리며 점점 아래로 내려가는 햇볕을 받으며 저녁을 먹는 기분은 아주 특별했더랬다.

　식사는 끝났지만 그 식당에 좀 더 앉아서 일몰을 보기 위해 커피를 추가로 주문했다. 따뜻한 커피를 마시면서 기다리자 곧 하늘이 주황빛으로 물들기 시작했다. 듬성듬성 있는 구름 사이로 태양이 저무는 게 확실히 보였다. 환상적인 일몰이었다. 태양이 바다로 들어가서 저무는 모습을 완벽하게 봤던 적은 난생 처음이었다. 늘 흐릿하게 보거나 들어가다 보면 구름

에 가려져 못 봤던 일몰의 완벽한 형태를 봤다. 동그라미가 수평선으로 숨는 모습을 처음부터 끝까지 다 볼 수 있을 줄이야. 태양이 완전히 숨어도 하늘은 컴컴해지지 않았다. 태양이 바다 뒤로 숨고도 한참 있다 어두워진다는 것도 처음 알았다. 그 환상적인 일몰을 경험하고 우린 숙소로 돌아오기 위해 버스를 기다렸다.

발을 참방대다 살짝 젖은 옷을 입고 한 시간 넘게 버스를 기다렸다. 이가 딱딱 부딪힐 만큼 춥고 힘들었지만 서럽지는 않았다. 아름다운 걸 봤고, 맛있는 걸 먹었고, 친구와 함께 있어서 그랬던 거 같다. 소리아가 가져온 큼지막한 스카프를 나눠서 옹기종기 덮었다. 이 얇은 스카프가 이렇게 따뜻할 줄이야. 우리랑 비슷한 때 버스를 기다리던 커플이 있었는데. 다

시 도시로 나가는 방향의 자동차를 히치하이킹 해서 타고 가는 것을 봤다. 우리도 해볼까라는 생각이 10초 정도 들었지만, 여기 있는 3명은 국내에서 하지 않는 짓은 나가서도 하지 않는다.라는 모토를 정말 착하게 잘 지키는 여행객이라 역시나 실행에 옮기지는 않았다.

긴 기다림 끝에 숙소에 돌아왔다.

숙소는 평범한 게스트 하우스였다. 4명이 쓸 수 있는 침대가 놓인 방이었다. 낡고 불편하지만 그래도 난 이곳이 맘에 들었다. 그 바닷바람에 버석해진 느낌의 나무 바닥과 갈라진 벽도, 멋진 조형의 창문과 창틀도 그냥 다 맘에 들었다. 낡은 매트리스 때문에 허리가 아프긴했지만.

두근거리는 마음으로 잠들고 나서 느지막이 일어났다. 아침산책을 다녀온 둘이 나에게 산책을 권했다. 바깥이 아주 아름다우니까 꼭 보라고. 밤 도깨비라 해가 떠 있을 때 나가 본 일이 별로 없는 나지만 역시 여행을 왔으면 나가봐야지. 밖은 온통 하얀색의 도시였다. 바닷가 부두엔 크고 작은 요트들이 가득 정박되어있었다. 호화로운 것이 아닌 개인이 가볍게 취미삼아 소유할만한 작은 배들. 언젠가 나도 저런 작은 요트 하나 있었으면 하는 생각을 해봤다. 나중에 꼭 이 하얗고 넓은 해변에서 요트를 타봐야지.

하얀 건물에 태양빛이 반사 되서 그곳의 명도는 이제껏 본 다른 곳 보다 훨씬 높게 느껴졌다.

어디서 읽었는지 모르겠지만 이베리아의 최고 관광 상품 은 햇빛이라 전 유럽의 사람들이 태양빛을 받고 싶을 때 남 유럽에 온다고 했었다. 이런 강렬한 파란하늘과 뜨거운 햇살 을 받아 본게 언제였더라. 나는 마음껏 햇살을 받으며 파로 의 골목골목을 돌아다녔다. 예전에는 사람이 많았다던 휴양 도시지만 이젠 과거의 영광인 듯한 오래된 거리들. 만약 언 젠가 여유롭게 휴양 여행을 온다면 난 이곳에서 쉴 것 같다.

파로도 휴양지답게 메인 스트리트엔 쇼핑몰이 즐비했다.

혼자 산책하면서 수많은 예쁜 물건들을 보며 사고 싶다는 '뽐뿌'가 왔지만. 지금은 캐리어가 너무 무거워서 짐을 늘리 고 싶지 않다는 생각에 그냥 걷기만 했다. 하지만 여행이 끝 날때쯤 난 후회했다. 우리가 쇼핑을 하던 시점엔 모든 상점 의 물건이 겨울 물건으로 바뀌어서 이제껏 보았던 예쁜 물건 이나 옷은 하나도 못샀다.

다음엔 꼭 짐은 조금만 들고가서 예쁜걸 보면 바로바로 사 야지. 물건은 인연이라 그때를 놓치면 영원히 못사니까. 그 런데 지금도 가방이 터지게 짐을 들고다닌다. 버릇은 고치기 가 힘들다.

—— 추야

스페인 & 포르투갈에 음주러 가자 /

해뜨기 전, 파로의 올드 타운 산책

일찍 잠이 들었던 탓인지 일찍 잠에서 깨었다. 해 뜨기 전의 밖은 아직 깜깜하지만 떠나기 전 이곳을 좀 더 둘러보고 싶었다. 조용히 옷을 대충 찾아 입고 밖으로 나가는 데 화란도 잠에서 깨었는지 함께 가자고 했다. 짙은 청보라색 하늘 아래 노란 가로등 불빛이 속삭이듯 켜져 있는 새벽 거리를 걷다 보니 구시가지로 들어가는 입구가 보였다. 마치 타임머신을 탄 듯 돌을 쌓아 만든 터널을 통과하면 그대로 올드 타운으로 들어선다.

\# 올드 타운   \# 신비한 새벽길

　도시는 아직 잠들어 있는 듯 고요하다. 가만히 귀 기울이면 건물들이 내쉬는 깊은 숨 소리가 들릴 것 만 같다. 드디어 동이 터오고 청보라색 하늘이 핑크빛으로 바뀌며 아침 햇빛이 올드 타운을 비추자 잠들어 있던 건물들이 깨어나기 시작했다. 어딘가에서 나는 빵 굽는 냄새가 식욕을 자극한다. 여기 어디서 아침식사를 하고 가면 참 좋을 텐데 안타깝게도 둘 다 카메라 외엔 아무 것도 들고 나오지 않았다. 아쉬움을 뒤로 하고 올드 타운을 벗어나 숙소로 돌아왔다. 이제 몇 시간 후면 포르투갈을 떠난다. 그렇게도 꿈꾸던 스페인으로 가는 것이다. 하지만 어딘지 아쉬웠다. 머지않아 이곳에 꼭 다시 오리라 결심했다.

—— 소리아

버스 타고 스페인으로!

[SEVILLA]

세 · 비 · 야

세 비 야
버스 타고 스페인으로!

버스 타고 스페인으로

도시 간 이동은 버스를 이용했다. 버스 티켓을 구하는 순서는 대개 이렇다. 소리아와 화란이 해맑게 놀고 있는 동안 추야는 묵직한 노트북을 꺼내 검색에 들어간다. 버스정류장 위치와, 소요 시간, 버스 시간표 등을 알려주며 예약할까? 라고 물으면 우리는 보통 크게 생각하지 않고 좋아!라고 말한다.

버스 안에 이동식 화장실이 있고 앞좌석 등받이에 달린 모니터에서 스페인어 영화가 나오는 알사 버스를 타고 우리가 도착한 스페인의 첫 번째 도시는 스페인 남쪽 안달루시아 지방, 투우와 카르멘의 도시 세비야였다!

무이 보니또! 수다쟁이 마리아 할머니

새로운 나라, 새로운 도시에 도착했다는 벅찬 마음도 잠시, 예약한 숙소에 무사히 도착하기 전까지는 마음이 쉬이 놓이지 않는다. 버스 터미널에 내려 '살리다SALIDA'(포르투갈에서는 출구가 사이다였는데 스페인에 오니

살리다로 바뀌었다.) 표시를 따라 출구로 왔다. 즐비하게 늘어선 택시, 눈부시게 강렬한 햇살, 도시의 소음 앞에서 어디로 가야하나 잠시 멍해졌다. 추야가 구글 맵을 꺼내 숙소의 위치를 체크한다.

"걸어서 15분 거리예요."

택시를 타면 편하게 갔을 테지만 관광객을 대상으로 한 바가지요금에 대한 경고를 귀가 따갑게 들은 터라 택시는 왠지 무서웠다. 걸어갈 수 있으면 걸어가지 뭐. 지금 생각하면 무슨 객기였나 싶다. 말이 15분이지 한 번도 가보지 않은 낯선 거리를, 더군다나 각자 20kg이 넘는 짐을 짊어지고 걷는다는 건 생각처럼 만만한 일은 아니었다. 게다가 우리 셋은 자타 공인 길치. 구글 맵이 가르쳐 준 대로 한 번에 찾아갈 리 만무했다.

"이 동네는 골목이 왜 이렇게 많은 거야. 15분이라더니 30분은 지난 것 같다……."

길 찾느라 앞장 선 추야 뒤에서 투덜대면서 골목과 골목을 헤매고 지칠 대로 지치고 나서야 숙소를 찾아냈다. 5층 건물의 아파트였다. 아파트 입구 앞에서 초인종을 누르니 호피무늬 셔츠에 청바지를 입은 긴 금발의 멋쟁이 마리아 할머니가 나와 볼에 입을 맞추며 우리를 맞아줬다. 마리아는 우리를 강렬한 빨간색 커튼과 시트가 깔린 숙소로 안내한 후 지도를 꺼내 세비야에서 가볼 만한 곳을 알려 주었다. 그런데 마리아는 영어는 한마디도 할 줄 모르고, 우리 역시 스페인어는 한마디도 할 줄 모른다. 하지만 신기하게도 손짓을 섞어가며 열심히 말하는 그녀와 함께 지도를 들여다보니 세비야의 모습이 머릿속에 그려졌다. 이쪽으로 가면 액세서리와 옷을 살 수 있는 상점이 많구나, 거기서 광장 쪽으로 더 나가면 맥주를 저렴한 가격에 마실 수 있구나, 강가로 가면 풍경이 정말 예쁘겠구나. '무이 보니또.Muy bonito!(정말 예뻐!)'를 외치던 그녀가 전화를 받기 위해 잠시 밖으로 나가나 싶더니 조용해졌다. 우리는 그제야 한숨 돌리고 짐을 풀었다. 무사히 도착한 것을 자축하고 말 한마디 못해도 말이 통할 수 있다는 사실에 신기해하며.

자 그럼 마리아가 알려준 대로 광장으로 한번 가볼까. 현관문은 한 번 열었다 닫으면 자동으로 잠기는 시스템이었다. 마리아에게 열쇠를 받지 못했지만 저녁 먹고 돌아오면 마리아가 문을 열어 줄 거라고 생각하고 일단 현관문을 닫았다. 그리고 곧바로 절망했다. 아파트 출입구의 문이 잠겨있었는데 아무리 애써도 열리지 않는 것이다.

"혹시 열쇠가 있어야 열리는 거 아닐까?"

우리는 다시 숙소로 들어가지도 못하고 밖으로 나가지도 못하고 아파트 복도에 주저앉았다. 이렇게 좁은 복도에 갇힌 채로 세비야의 첫 날을 보내야 하는가. 황망해 하고 있을 때 삐– 하는 소리가 들리더니 문이 열렸다. 깜짝 놀라 고개를 돌리니 다른 층에 사는 사람이 내려오고 있었다. 아파트 출입구는 열쇠가 아니라 버튼으로 문이 열리는 것이었는데 그 버튼이 문 앞에 있는 게 아니고 복도 끝에 있었던 것이다. 내려오던 사람에게 우린 그걸 몰라 여기 이렇게 주저앉아 있었다고, 문을 열어줘 고맙다고 외치니 그도 같이 기뻐하며 지나간다. 이제 겨우 현관문 하나 열었을 뿐인데 새로운 세상으로 가는 통로를 발견한 듯 두근거렸다. 이렇게 여자 셋의 스페인 여행이 시작되었다.

—— 소리아

\# 마리아 할머니의 취향이 그대로 드러나는 거실

\#   이렇게 좁은 복도에 갇힌 채로 세비야의 첫 날을 보내야 하는가

스페인 여행의 산뜻한 출발

아침을 먹기 위해 부엌으로 갔다. 마리아가 준비해놓은 아침이 있었다. 메모에는 식탁 위에 준비된 음식과 냉장고에 있는 우유와 주스를 마시라고 적혀있었다. 우리는 마리아의 배려에 감동했다. 그리고 음식을 다 먹고, 우편함 아래에 있는 현관문 버튼을 당당히 누르고 집을 나섰다. 세비야 일정이 짧아서 느긋하게 걸어 다니며 구경할 수는 없었다. 우리는 세비야를 두루 볼 수 있는 시티투어버스를 타고 한 바퀴 돈 다음 가장 가고 싶은 곳을 선택해서 천천히 구경하기로 했다. 숙소에서 시티투어버스가 있는 정거장까지 걸어갔다. 지난 밤에 헤맨 듯한 낯익은 골목들이 보였다. 숙소에서 그리 멀지 않은 곳이었는데, 어제는 그라나다까지 걸어간 기분이 들었다. 어둠이 걷힌 세비야의 골목길은 아기자기했다. 화려한 네온사인이 없었던 가게들은 채소를 팔고 빵을 팔았다. 어떤 가게는 예쁜 병에 절임 채소를 넣고 팔고 있었다. 먹고 싶기보다는 병과 함께 절인 채소가 빽빽이 들어찬 모습까지 예뻐 보였다.

\# 나좀 사가라고 재잘대는 것 같다.

가지런하고 나란하게 잘 진열된 식품들을 보면 묘한 쾌
감이 밀려온다. 잡다한 내 머릿속도 저렇게 잘 정리하고
싶은데 그러지를 못해서 좋아하는 것 같다.

시티버스 정류장으로 가는 길에 메트로폴 파라솔에 들
르기로 했다. 이곳에 올라가면 세비야의 전망을 볼 수 있
다. 메트로폴 파라솔은 커다란 버섯 모양을 하고 있는 현
대적인 건축물이다. 생각보다 규모가 컸다. 격자무늬로
이루어진 디자인은 마치 버섯의 포자처럼 보였다. 주변
의 고풍스러운 건물들과 비교해보면 조금 이질적인 모습
으로 다가왔다. 앞에 긴 계단이 보였다. 나를 딛고 걸어올
라 가라는 듯한 강력한 매력을 풍기고 있어, 일단 계단으
로 올라가면 입구가 있을 줄 알았다. 매표소는 안 보이고
넓은 전시장만이 보였다. 계단을 내려와 매표소를 다시

메트로폴 파라솔 위에서

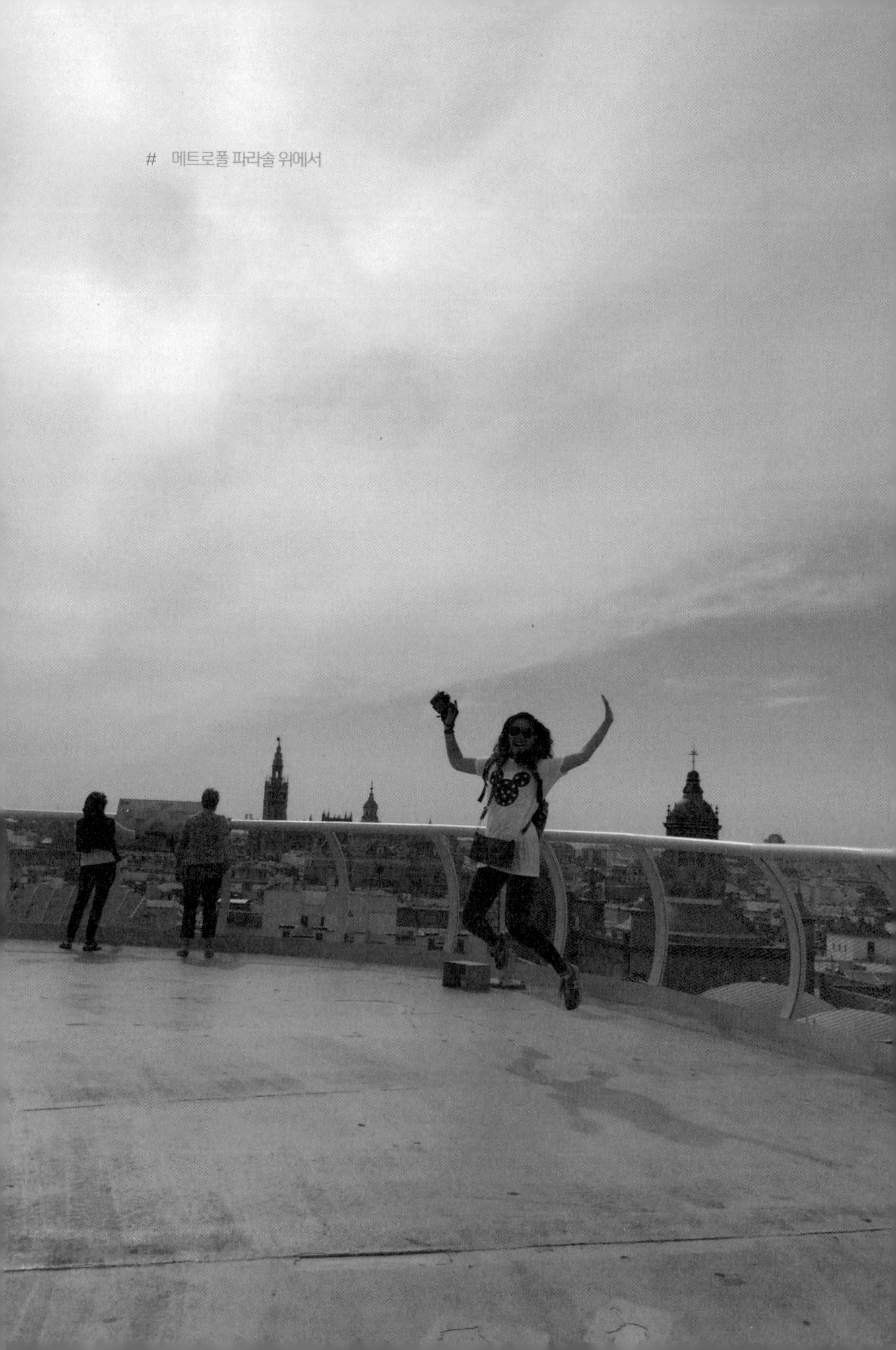

찾았다. 건물 안 쪽에 매표소가 보였다. 표를 끊고 엘리베이터를 타고 전망대로 올라갔다.

전망대는 생각보다 높지 않았다. 한국에 이런 전망대가 있으면 돌 맞을 높이다. 하지만 메트로폴 파라솔 주변에 있는 건물들이 낮아 세비야의 고풍스러운 건물들이 한눈에 들어왔다. 항상 도시의 고층빌딩만 보다가, 세비야의 낮고 아담한 풍경을 보니 시간을 거슬러 올라간 기분이 든다. 우리는 곡선으로 이루어진 전망대의 길을 따라 걸었다. 건물들 중에 몇몇 건물들이 나의 시선을 끌었다. 멀리서도 건물의 세월이 느껴지고, 범상치 않은 화려한 외관을 보니 오늘 우리가 들러야 할 곳들인 것 같다. 전망대는 사람이 많지 않았다. 소심한 우리는 이때가 기회다 싶어 점프샷을 찍었다. 마음 같아서는 한달음에 달려가 나비처럼 가볍게 날아오르고 싶었지만, 등에는 배낭과 손에는 DSLR 카메라를 들고 있어 지구의 중력을 쉽게 벗어날 수가 없었다.

이곳을 방문하면 3유로 티켓에 음료권이 포함되어 있다. 우리는 이 음료권을 이용할 수 있는 가게를 찾기 위해 밑으로 내려갔다. 전망대 주변에서 음료를 살 수 있는 가게를 찾았다. 스펠링 하나하나 꼼꼼히 대조하며 찾았다. 혹시 잘못알고 들어가서 창피 당할까봐 살짝 긴장했다. 사실 창피한 일도 아닌데 왜 이리 작은 일에 금방 창피해 하는지. 가게 주인은 우리가 내민 티켓을 보자 마시고 싶은 음료를 고르라고 했다. 나는 낮부터 레드와인을 시켰다. 투명한 컵에 얼음과 함께 나온 와인을 시원하게 들이켰다. 낮이라 그런지 희석된 알코올에 금방 기분이 알딸딸해졌다. 시티투어도 하지 않고 이대로 낮술이나 마시고 싶은 생각이 들었다. 술을 좋아하지 않는 두 친구는 나를 알코올 중독이라고 놀리지만, 술 한 잔에 먼 길 떠나는 여행만큼의 즐거움이 있다는 걸 그들은 잘 이해하지 못한다. 다행히 맥주 한 잔도 잘 마시지 않던 추야가 여행을 통해서 술맛을 알았다며 여행 후반에는 함께 술을 즐겨 마셨다. 역시 술은 혼술도 좋지만 같이 마시면 더 좋다.

우리는 시티버스 이층으로 올라갔다. 하늘도 맑고 쾌적해서 바람을 맞으며 세비야를 구경하기에 딱 좋은 날이다. 사람들이 더 올라 타기 전에 관광하기 좋은 창가에 일렬로 나란히 앉았다. 내심 너무 우리 욕심만 냈나 싶었지만, 이 좋은 날 이기심(?)을 부려도 괜찮지 싶었다. 간식으로 싸온 사과를 먹으며 설레는 마음으로 버스투어를 시작했다. 유럽 여행을 좋아하는 수많은 작은 이유 중 하나가 이 사과다. 크지도 작지도 않게 휴대하기 편하면서 한 손에 착 들어 앉아 여행자의 허기를 잘 달래준다.

버스는 세비야의 도로 위를 기분 좋게 달렸다. 머리 위로 나뭇가지가 스쳐지나가는 것만으로 즐겁기만 했다. 일몰 시간에 맞춰 가면 아름답다는 에스파냐 광장을 가

\# 투어버스위에서

기 위해 버스에서 내려 걷기 시작했다. 오랜 시간 버스에
앉아 있다가 걸으니 다리에 피가 도는 것 같았다.

 가는 길에 마리아 루이사 공원이 있었다. 마차가 돌아
다닐 만큼 꽤 큰 공원이었다. 유럽의 길과 공원을 걷다보
면 우리나라 나무보다 나무줄기가 굵고 하늘을 가릴 만
큼 큰 나무가 많았다. 왜 그런 차이가 나는지 한국에 와
서 조경을 전공한 친구에게 물어봤다. 기후 차이도 있겠
지만, 오랜 시간 한 자리에서 자라서 그런 거라고 했다.
오랜 시간이란 말에 다사다난한 우리 역사 속에 나무들
도 자라기에 평탄치 않았구나 하는 생각이 든다. 나무가
많으니 새들도 많았다. 무슨 새가 저리 아름답게 노래하

나 찾아봐도 눈에 띄지 않았다. 하늘을 보면 아직 가을을 맞이하지 못한 나뭇잎들이 나뭇가지에 빼곡히 달려 있었다. 우리는 조금 출출해서 싸온 간식을 먹기로 했다. 어디에 앉을까 공원 주변을 둘러봤다. 사각형 모양의 연못이 보였다. 연못 근처에 있는 벤치에 앉아 느긋하게 간식을 먹었다. 사과와 빵으로 된 단출한 음식이었지만, 허기가 에피타이저라 주먹보다 조금 작은 사과를 순식간에 먹었다.

내가 좋아하는 꽥꽥거리는 오리소리가 들렸다. 샛노란 주둥이로 자맥질 하는 오리가 연못을 돌아 다녔다. 오리를 보려고 자리에 일어나 연못가로 갔다. 오리는 여린 털이 뽀송뽀송한 오리 궁둥이를 흔들고 있었다. 연못 안에 물고기가 있나 싶어 들여다보았지만, 물고기는 보이지 않았다. 오리는 뭘 보고 그렇게 열심히 자맥질을 했나 싶었다. 내가 보지 못하는 투명 물고기라도 있는 걸까?

우거진 공원을 지나니 탁 트인 광장이 한 눈에 들어왔다. 에스파냐 광장에 붉은 빛이 감도는 건물이 광장을 둘러싸고 있었다. 탁 트인 광장에 흥이 났는지 소리아는 솔로 블루스를 추고, 나는 찰스턴 춤을 췄다. 이 춤을 모르는 사람들이 봤으면 굉장히 우스꽝스러웠을 것이다. 우리는 사람들의 시선에 상관없이 춤을 추며 광장을 활보했다. 날이 서서히 저물어 갔다. 노을이 짙어질 때마다 붉은 빛이 감도는 건물의 색깔이 변해갔다. 건물은 황금빛으로 바뀌어 더욱 당당해 보였다.

　그 당당함에 안에는 얼마나 많은 유물이 전시되어 있을
까 기대하며 카메라를 꺼내들고 건물 안으로 들어갔다.
건물의 외관과 내부를 둘러보며 묘한 이질감이 느껴진다.
건물에 사람이 살았던 생활의 흔적이 보이지 않았다. 건
물을 자세히 살펴볼수록 디테일이 좀 부족한 생각이 들었
다. 왜 그런지 알아봤더니, 귀족이나 왕이 살았던 건물이
아니라 박람회를 위한 건물이었다. 잘 만들어진 테마파크
같은 이질감이 괜히 나온 것이 아니었다.　　　── 화란

과거와 미래가 공존하는 테마파크

우리는 스페인 여행 내내 버스를 타고 이동했는데, 인천에 살아서 서울까지 늘 광역버스를 타던 나는 이 이동방식이 아주 편했다. 한두 시간 정도 버스를 타는 건 일상이랄까.

그렇지만 화란과 소리아는 멀미와 오래 앉아있는 것 때문에 많이 힘들어했다.

그럼에도 불구하고 단점보다는 장점이 많은 고속버스 여행이었다. 이곳의 고속버스들은 느리게 정속운행을 해서 덜컹 거리는 것도 별로 없고, 심지어 버스 안에 화장실도 있다. 게다가 가격도 기차나 저가항공에 비해 무척이나 싸고, 짐도 트렁크에 넣고 있으니 털릴 일 없는 것. 물론 털어가려고 맘 먹으면 싹 다 털리겠지만. 난 어느새 버스여행 애호가가 되어있었다.

2~3시간 정도 버스를 타고 도착한 곳은 세비야의 터미널. 드디어 스페인에 도착한 것이다. 이제껏 포르투갈에서는 겪어보지 못한 스케일의 건물들을 보게 되었다. 사실 우리나라 터미널에 비하면 뭐 그렇게 엄청 큰 건 아닌데, 작은 터미널만 이용해 보다가 여기 도착해 보니, 진짜 정신이 없어서 터미널 안에서 길을 잃을 거 같았다.

스페인 & 포르투갈에 춤추러 가자 /

우린 숙소에 들어가겠다고 한 시간보다 조금 일찍 도착해서 어떻게 가야하나 터미널에서 멍 때리고 앉아있었다. 처음엔 택시를 타고 갈까 버스를 타고 갈까 하다가….

"에라. 걸어 가보자."

그리고 그 무거운 짐을 끌고 걸었다. 세비야는 포르투갈과 공기부터 달랐다. 햇볕의 색도 다르고. 채도가 훨씬 올라간 느낌. 이렇게 가까이 붙어있는 곳인데도 이렇게 색감도 공기도 다르다니. 신기한 기분이 들었다.

터미널에서 나와서 우린 숙소까지 걷기 시작했다. 한 40분 정도를 짐을 끌고 걷고 또 걸었다. 조금 무리였다. 아니 조금 많이 무리였다. 난 구글 맵을 켜고 있는 힘껏 걸어갔다. 힘들다고 괜히 걸었나보다고 투덜대고 있었는데, 우리의 한국말을 듣고 누군가가 한인민박 찾아 오셨냐는 말을 건네 왔다. 신비로운 분위기의 한국 여성분이었다. 우린 다른 곳을 찾아 간다고 말했지만, 그녀의 친절한 인사가 너무 고맙고 반갑게 느껴졌다.

난 외모지상주의자라서 사람 얼굴을 잘 쳐다보는데 스페인에 도착해서 고개를 들어 사람들을 보니 포르투갈에서 만난 사람들과 인상부터 달랐다. 포르투갈인보다 더 가무잡잡한 피부를 가진 사람이 많았고, 머리카락 색도 짙었다. 그게 신기해서 사람들을 두리번거리며 쳐다보고 있었는데 나와 눈을 마주친 남자들마다 윙크를 하는 게 아닌가? 신기한 경험이었다.

오래되고 조형미 넘치는 건물이 즐비한 세비야의 거리, 그 거리 정중앙엔 미래적인 트램이 지나가고 있었다. 곳곳이 전부 예술품인 테마파크 같은 도시다.

가볍게 도시를 돌아보고 집주인 마리아가 권한 레스토랑 거리로 갔다. 어디를 갈까 하다가 눈에 띄는 이슬람 음식점이 있어서 그냥 우선 앉았다. 아마도 할랄푸드를 파는 곳인 듯싶었다. 우린 타파스와 치킨라이스를 시켰다. 이전에도 이후에도 이것보다 맛있는 음식은 못 먹었다. 각종 치즈와 샐러드가 섞인 접시와 치즈를 올려먹을 수 있는 또띠야 혹은 난같이 생긴 빵이 나왔는데, 정말… 인생 음식. 돌아와서도 여행 중에 맛있었던 음식하면 이것밖에 안 떠올랐더랬다.

이번 여행을 통틀어 가장 맛있는 음식으로 뽑았던 세비야의 할랄 타파스

다음날 우린 첫 관광을 세비야의 거대버섯 건물에서 시작했다. 거대버섯의 원래 이름은 메트로폴 파라솔. 하지만 세비야 사람들도 머슈룸 닮은 건물이라고 한다 했다. 처음에는 흉물 취급을 받았지만, 지금은 세비야의 당당한 랜드마크가 되었다. 세비야 여행은 별로 준비를 하지 않았던 터라 우리는 시티버스를 타고 한 바퀴를 돌고 그다음에 가고 싶은 곳에 내리자고 합의했다. 그래서 룰루랄라 시티 투어 버스에 올라탔다. 당연히 시티 투어 버스는 2층이 제 맛이지!하고 자리를 잡고 앉았다.

낮엔 관광버스 2층에 타면 안 된다고 말하고 싶다. 햇빛이 과하게 좋던 날. 남들 시에스타[1] 하는 시간에 우린 버스 2층에 앉아 길에 갇혔다. 큰 도시이기에 차가 밀리는 시간엔 온 도로가 꽉 막혔다. 버스는 하나도 움직이지 않고 햇볕은 지독하게 뜨거워서 우리는 차 위에서 찜처럼 쪄졌다. 이 나라에 왜 시에스타가 존재하는지 그때 알았다. 스페인 한낮의 햇빛은 폭력적이다. 2층에서 굳이 보겠다고 그 더운 곳에서 버틸 이유가 없었는데 그땐 관광객다운 과한 욕심에 체력을 깎아먹는 짓을 하다니 참 미련했다. 남들 낮잠 자고 엘라도(젤라또-아이스크림) 먹을 때 우린 그늘 없는 버스에 갇혀서 정수리부터 푹푹 익어가고 있었다. 1시간 코스라는 투어버스를 탔는데 우린 2시간 반 만에 한 바퀴를 돌았다. 버스가 멈췄을 땐 거의 뛰어내리듯이 버스에서 내렸다.

---

1. **Siesta** 지중해 연안 국가, 라틴 아메리카 등의 낮잠 풍습.

더위를 식힐 겸 우리는 꽃모양으로 퍼주는 아이스크림을 먹었다. 장미향 아이스크림이 얼마나 맛있었는지. 역시 단걸 먹으니 체력이 다시 좀 돌아오는 것 같다. 그 체력으로 세비야 대성당에 입장해보려고 했지만… 아뿔사. 입장 시간이 끝나 버렸다.

결국 대성당에는 들어가지 못했다. 콜럼버스의 유해를 꼭 보고 싶었는데. 다음날은 짐을 싸서 나와야 했기 때문에 기회가 없었다. 버스만 안 막혔어도…. 우리는 무료로 들어갈 수 있는 예배당의 외부만 사진으로 몇 장 찍고 허무하게 발길을 옮겼다. 마지막 입장객들이 출구로 나오는 모습을 보면서 부

\# 꽃모양 엘라도(아이스크림)

러움을 삼킬 수밖에….

난 화가 나서 돈을 써버리겠다는 심정으로 아이스 아메리
카노를 마시겠다고 선언했다. 이곳은 정말 커피가 싸고 맛있
어서 비싼 커피를 마셔 본적이 없다. 포르투갈은 커피 한잔
에 0.5 유로나 1유로정도. 스페인은 카페콘레체(카페라떼)
가 비싸봐야 2~3유로였다. 유럽인들은 커피를 아이스로 마
신다는 개념 자체가 아예 없어서 카페에서 아이스 아메리카
노를 팔지 않는다. 계속 아이스 아메리카노가 땡겼지만 아이
스 아메리카노를 파는 곳 자체를 발견하지 못했는데 역시 유
명 관광지엔 커피전문점이 들어와 있었다. 난 아메리카노를
지르러 카페에 들어갔다. 하나는 미국 체인(S사) 하나는 유
럽체인(C사)이길래 난 유럽쪽 체인에 들어갔다. (어차피 우
리나라에도 다 있지만)

비쌀 거라고는 예상했지만 6.5유로, 상상 이상의 가격이었
다. 우리나라 돈으로 환산하면 약 8천원. 귀중한 커피를 손
에 들고 한 모금 쭉 빨아들였다. 큰맘 먹고 지른 건데… 아이
스아메리카노를 안 먹는 나라여서 그런지 정말 맛이 없었다.
저절로 쩝. 하는 소리가 나왔지만 그래도 유럽에서 처음 먹
는 사치스런 아이스 아메리카노니까 즐겨야겠다고 생각하고
조심스레 몸통을 잡던 순간. 딱 절반이 쏟아졌다. 정확히 3유
로를 날렸다. 허망했다.

'충동적 소비는 이렇게 사람을 망하게 하는 것이료구나.'라

는 교훈을 남긴 반쯤 남은 커피를 들고 우린 에스파냐 광장으로 걸어갔다.

역시 걸어 다니는 게 제일 여유롭고 즐거웠다. 많이 보는 것 보다 중요한건 역시 많이 느끼는 것. 해질녘 에스파냐 광장은 정말 아름다웠다. 황금빛의 호화로운 건물. 하지만 난 별로 감흥이 없었다. 너무 인위적인 아름다움이어서 그랬을까. 그래도 그때 찍은 사진들은 다 정말 멋지게 나오긴 했다.

돌아 올 때도 우린 시티 투어 버스를 이용해서 숙소로 돌아왔다. 해가 진 세비야의 야경을 우린 버스 위에서 만끽했다. 막히지 않고, 뜨겁지 않은 버스 2층에서 바람을 맞을 때 난 속이 트이는 느낌을 받았다. 시원한 바람, 자유로운 기분.

아름다운 세비야의 밤이었다. 우린 와인과 맥주를 사들고 숙소로 돌아와, 얼굴에 팩을 붙이고 한잔씩 마시면서 많은 이야기를 나누었다.

―― 추야

강렬한 남유럽의 햇살 아래 달궈진 얼굴은 마스크 팩으로 달랜다.

관광버스 여행

도보 여행에 지쳤다면, 어디서부터 관광을 시작해야할 지 모르겠다면, 그럴 때는 투어 버스를 타는 것도 괜찮은 것 같다. 그동안 경비도 아껴야 하고, 투어 버스는 답답할 거라는 편견도 있고, 이러저런 이유로 투어버스는 고려 대상에 아예 빠져있었는데 세비야에 도착한 첫날 무거운 짐 가방을 들고 걷느라 진이 다 빠져서인지 투어버스 여행이 그렇게 편하고 좋을 수가 없었다.

2층 버스에 올라 탈 땐 놀이 공원에 와서 오랜 시간 기다려 놀이기구에 올라타는 것처럼 설렜다. 실제로 세비야는 도시가 너무 정돈되고 예뻐서 놀이공원에 조성된 미니어처 광장에 온 듯한 느낌을 주기도 했다. 물론 미니어처라기엔 너무나 정교하고 세련되게 만들어졌지만 말이다. 좌석마다

이어폰 꽂는 잭이 있어 이어폰을 꽂고 채널을 선택할 수가 있다. 관광지에 대한 설명이 각국의 언어로 제공된다. 스페인의 집시 기타 연주가 나오기도 한다. 이어폰에서 들리는 알 수 없는 언어는 반쯤은 흘려버리고 머리로 불어오는 바람에 몸을 맡겼다. 어제 힘겹게 걸어 지나갔던 성당과 버스 터미널이 순식간에 스쳐 지나간다. 아래에 있는 누군가와 눈이 마주치면 괜히 손을 흔들어 인사하기도 한다. 버스는 주요 관광지마다 정차했다가 출발했다.

2층 버스에 올라 세비야 시내를 돌다가 해질 무렵의 스페인 광장이 그렇게 아름답다고 하기에 시간 맞춰 스페인 광장 앞에서 내렸다. 오후 5시. 강렬했던 오후의 햇살이 누그러지고 공기에 노란 빛이 섞여들었다. 수령을 짐작하기 어려울 정도로 오래된 나무들이 가로수를 이루고 있는 대로를 통과하니 세비야 스페인 광장이 나온다. 독특한 반원형 구조의 건물들이 노을을 머금어 황금색으로 빛나고 있었고 광장 앞 수로의 물이 반짝이고 있었다. 세비야에서 가장 아름다운 광장이라 불리는 이유를 알겠다. 갑자기 한 무리의 아이들이 뛰어 나와 광장을 가득 메우더니 춤을 추고 사라진다. 플래시몹인가 보다. 나도 괜히 들떠서 춤추듯 걸어본다. 광장 안으로 들어서는 순간도 독특한 건축물 안에 들어가 내려다보는 광장도 거짓말처럼 예뻤다.

"여기가 제일 스페인 같다."

아마도 신혼여행 중인 듯 보이는 한국인 커플이 하는 말이 들렸다. 마음속으로 동의했다. 스페인하면 떠오르는 이미지, 태양과 정열의 도시라는 말과 함께 붙던 사진들, 아름다운 건축물과 자유로운 분위기가 가득한 곳. 우리 환상 속의 스페인도 꼭 이런 모습이었다. 그런데 나는 환상과 똑같은 모습이 조금 실망스러웠다. 텔레비전이나 영화를 통해 너무나 많이 보아 왔던 탓일까. 너무나 익숙해서 하나도 새롭지 않았다. 벼르고 벼르다, 미루고 미루다 온 유럽 여행인데 기대했던 것처럼 가슴 벅찬 감동이 없다.

"역시 노는 건 젊어서 해야하나봐."

한탄하듯 말했더니 옆에 있던 화란도 동의한다.

"놀 수 있을 때 노는 게 아니라 놀고 싶을 때 노는 거야. 나중엔 놀고 싶은 마음도 없어지거든."

그때 생각했다. 나중에 해야지 하고 미뤄 놓는 일은 절대 나중에 할 수 없다는 것을, 그때의 열정이 나중까지 따라와 주지 않는다는 것을. 모든 것은 그 순간에 있을 때 의미 있다는 것을.

—— 소리아

\#　석양에 물든 스페인 광장

세비야 새벽 산책

지금 여기, 한국에 있는 우리 집에 있으면서도 이따금 새벽에 창문을 열고 숨을 깊이 들이 마시면 여행지에 와 있는 것 같은 착각이 들 때가 있다. 여행을 떠나오면 집에 있을 때보다 조금 일찍 일어나고 누가 시키지 않았는데도 해뜨기 전의 새벽길을 걷고 싶어 숙소를 나선다. 도시마다 특유의 냄새가 있는데 새벽의 냄새는 어느 나라를 여행해도 비슷하다. 피부에 닿는 선선한 바람에 단단하고 축축한 돌 냄새가 배어있는, 바닥에 내려앉은 묵직한 공기를 살금살금 통과하면 고요하던 새벽길이 잠에서 막 깨려는 듯 뒤척이기 시작한다. 그 날은 기분이 좋았는지 조금 멀리 갔다. 어젯밤 셋이서 지도를 가지고도 헤매던 거리를 지도도 없이 단숨에 걸어갔다. 너무 멀리 왔나 싶어 돌아가려는데 길을 잃어 버렸다. 골목과 골목이 겹쳐진

\#　세비야의 새벽거리

세비야의 다운타운 어딘가에서 엄마를 잃은 어린아이 마냥 그대로 주저 앉아 울고 싶은 심정이었다. 사람 하나 없는 거리에 할로겐 조명이 건물을 밝히고 있다. 가슴이 철렁할 정도로 무서우면서 동시에 아름다웠다. 새벽 달을 보며 달이 떠 있는 방향으로 걸었다. 몇 개의 건물과 몇 개의 광장을 통과하자 드디어 익숙한 길이 나왔다. 하늘이 점점 밝아지고 가로등이 꺼 졌다. 정장을 차려입고 메신저 백을 둘러멘 남자가 어깨에 묻은 잠을 털어 내고 급히 걸어가는 모습이 보인다. 버스 정류장마다 사람들이 줄을 선다. 도시의 아침이 시작되었다.

—— 소리아

알함브라의 추억

[GRANADA]

그 · 라 · 나 · 다

그 라 나 다
알함브라의 추억

숙소 선택의 중요성

여행하는 동안 주로 소리아와 추야가 에어비앤비로 숙소를 예약했다. 숙소주인의 친절함과 숙소의 깔끔함은 좋았지만 독채를 사용해 숙소에서 새로운 친구를 사귈 기회는 없었다. 영어가 능숙했다면 오다가다 만나는 사람들과 친구와 되었으면 좋았겠지만 그렇지 못했다.

그러다 기회가 생겼다. 그라나다에서는 내가 한인민박을 예약했다. 나름 새로운 친구를 사귈 수 있지 않을까 하는 기대감이 가득했다. 텔레비전에서 방영하는 여행 프로그램을 보다보면 한 번씩 한인민박집이 나온다. 그곳에서 만난 한국 사람들끼리 거실에서 이야기도 나누고 정보도 공유하며 자연스럽게 친구가 되는 모습을 봤다.

하지만 나의 기대는 산산이 부서졌다. 방은 비좁고 가격은 제일 비싸고 주인은 제일 불친절했다. 10시 이후에는 큰 소리를 내지 말 것. 12시 이후에는 샤워를 하지 말 것. 내 로망은 그렇게 깨지고 말았다. 숙박비를 미리 계산할 때 주인아저씨의 태도와 숙소 규칙을 듣고 예약을 취소하겠다는 말이 목구멍까지 올라왔지만, 소심한 나는 면전에 대고 숙소를 취소하겠다는 말이 나오지 않았다. 당장 오늘밤 숙소를 예약하기도 번거롭게 느껴졌고, 여행의 피로가 몰려와 합리적인 생각이 떠오르지 않았다. 뭐에 이끌리듯 재정 담당인 나는 지갑에서 유로를 꺼내 삼일 치 숙박비를 지불했다. 나중에 한국에 돌아가 이 숙소에 대해 잔뜩 불만사항을 적으려고 다짐했다. 그런데 그날 저녁, 방을 함께 쓰게 된 여대생은 숙소가 너무 좋다며 이곳에 대해 칭찬을 마구했다. 우리 셋은 그 말에 동의 할 수 없었다. 하지만 그녀의 말을 듣고 나서 모든 것은 상대적인 것일지도 모른다는 생각에 블로그에 들어가 핵폭탄(?)을 터트리지는 않았다. 우리 셋은 다짐했다. 한인민박에는 절대 가지말자고.

시크한 듯 배려 없는 주인아저씨가 지도를 꺼내, 어디가 맛있는지 어디가 좋은 장소인지 어디가면 밤에 놀기 좋은지 친절한 듯 친절하지 않게 설명했다. 미리 부탁한 알함브라 티켓을 받고(이 티켓 구매를 대행하기 위해서 이 숙소로 오게 된 것이다.) 우리가 묵을 방문을 열었다. 이층 침대와 개인용 침대가 방 한 가득을 차지했다. 그나마 내가 좋아하는 이층침대가 있어서 좋아했는데, 이미

이층에는 예약이 되어있었다고 했다. 방이 너무 좁아, 돌아가면서 캐리어 가방을 열었다. 4박 5일 동안 있어야 하는데 도착한지 30분 만에 벌써 이곳을 떠나고 싶었다. 그동안 여행하면서 숙소에 대해 큰 관심을 두지 않았다. 편하게 잠자고 샤워할 수 있는 공간이라면 대충 다 괜찮은 곳이라고 생각했는데, 이것이 다가 아니었다. 저렴한 가격이었다면 이렇게 억울하지도 않았을 텐데, 뭔가 속았다는 느낌이 자꾸만 들었다. 새삼 숙소 예약을 하기 위해 부지런히 조사한 소리아와 추야에게 고마웠다.

우리는 언짢은 기분을 마음에 담고, 늦은 점심을 먹기 위해 숙소 주인이 추천한 식당으로 갔다. 비슷한 느낌의 건물들 사이에 골목이 거미줄처럼 이어져 있었다. 한국 사람이 운영하는 식당인 듯 실내에 태극기가 장식되어 있었다. 해외에 나가서 태극기를 만나면 반갑다고 하던데, 조금 억지스러운 태극기 장식을 보고 있자니 왠지 태극기가 안쓰럽게 보인다. 도착한 식당에서 '메뉴 델 디아 Menu del Dia'(오늘의 요리)를 시키면 저렴한 가격으로 맛있는 음식을 즐길 수 있다기에 메뉴 델 디아를 시켰다. 맛이 없지는 않았지만 새로운 맛을 기대한 나로선 조금은 실망이다. 그래도 푸짐하게 나온 양 때문에 포만감을 가지고 식당을 나왔다. 여행하면서 반주에 익숙해져서 녹색 병의 '알함브라' 맥주도 함께 시켰다. 숙소로 돌아가기에는 아직 날이 밝았다. 도시를 이동하는 날에는 특별한 계획을 세우지 않아 남은 시간을 하릴없이 보내야 했다.

우리는 식당을 오면서 지나쳤던 큰 나무가 줄지어 서 있는 벤치에 앉았다. 나무 그늘에 앉아 지나가는 사람들을 쳐다봤다. 여행 내내 잘생긴 남자를 찾고 있는 추야에게 잘생긴 남자가 지나간다고 눈짓을 보냈다. 추야는 저 정도면 훈남이긴 하지만 잘생긴 것은 아니라고 말했다. 추야의 미남 밝힘증은 포르투갈에서부터 이어졌다. 추야는 생각보다 잘생긴 남자가 많이 보이지 않아 아쉬워했다. 난 돌아 다니면서 사람 구경보다는 건축물과 자연을

구경하는데 정신이 없었다. 추야의 미남에 대한 관심이
부럽기까지 하다.

　누구나 한 번쯤 여행지에서의 로맨스를 꿈꾼다. 나도
그런 로망이 없는 것이 아닌데 여행 내내 남자에게 눈길
이 가지 않았다. 나의 호기심은 대자연과 위대한 건축물
에서만 작동이 되었다. 이미 내 시선은 지상 2m에서부
터 시작되었다. 여행 내내 누군가에게도 설레지 않은 나
를 보고, 마음이 먼저 나이든 것 같아 조금은 서글펐다.

　그러나 볼 것 없는 곳에 앉아 있으니 사람에 대한 관심이
생겼다. 여기 앉아서 사람구경을 해볼까 하는 마음에 지나
가는 사람들을 자세히 쳐다봤다. 어정쩡한 오후 시간이라
많은 사람들이 오고가지는 않았다. 사람 구경에서 남자 구
경으로 좁아졌다. 우리들의 위험한 대화가 시작되었다. 방
금 곁들인 반주로 방언(?)이 터져 나왔다. 우리가 알고 있
는 짧은 스페인어로 어떻게 멋있는 남자와 대화를 시도해
유혹할 수 있을까.

　올라(안녕), 라 꾸엔따(영수증), 우노(하나), 도스(
둘), 뜨레스(셋), 살리다(출구), 까페 콘 레체(까페라
떼), 비노 틴토(레드 와인), 무차스 그라시아스(고마워
요)를 이용한 여러 시나리오가 나왔다. 꽤 그럴듯해서
한번 시도해 보고 싶었지만, 그런 행동을 하기엔 우린 너
무 소심했다.

한국에서부터 그라나다의 동굴 클럽이 '핫'하다는 이야기를 들었다. 음악도 좋고 분위도 좋으며 외국 친구를 사귈 수 있는 자유로운 분위기라고 했다. 우리는 동굴클럽에 가기 전에 한숨자고 체력을 보충한 다음에 신나게 놀기로 했다. 다시 한인민박의 비좁은 숙소로 들어갔다. 그래도 누울 수 있다는 감사함에 각자 침대로 들어갔다. 사실 침대 이외에 앉을 곳도 없었다. 내려앉은 매트리스에 누워 잠깐 뒤척이다 금세 잠들었다. 추야와 나는 정말 신나게 꿈속에서 놀았다. 일어나보니 아침이었다. 나중에 소리아가 너무 곤히 자고 있어서 깨울 수가 없었다고 했다. 포르투갈 첫날에도 클럽에 가자고 이야기하고 둘이 이렇게 잠들었는데, 이번에도 또 둘이 잠들어 버렸다.

동굴 클럽에 가기 위해 토요일에 맞춰 그라나다에 왔는데, 잠 때문에 또 물거품이 되었다. 나, 놀기 싫은거 아니야?

—— 화란

그라나다, 황홀했던 알함브라

　그라나다에는 소리아의 친구가 강력히 추천했던 동굴 클럽이 있단다. 그곳에 가면 밤의 알함브라를 보면서 춤 출 수 있다고. 여행 초반부터 기대하던 곳 중 하나였다.

　하지만 그곳에 안내해 줄 숙소의 주인이 다른 곳으로 여행을 떠나버렸다. 불행히도 예정했던 숙소에도 못 묵고 다른 곳을 소개 받았다. 이것이 불행의 전조였을 줄이야.

　우리는 처음 가기로 한 숙소에서 알함브라 궁전 입장권 예매도 부탁했었는데 그 부탁까지 이 새로운 곳에 주인에게 맡겼던 모양이었다. 그래서 새로운 숙소의 주인은 뜬금없이 부랴부랴 알함브라 입장 티켓을 끊으러 가야했고 우리와 커뮤니케이션이 안돼서 무슨 요일이냐, 몇 명이냐를 몇 번이나 다시 물어야 했단다. 우린 그런 사정을 알지도 못하고 그냥 새로운 숙소로 들어갔는데, 들어가자마자 싸늘한 말투로 왜 날짜를 확정을 안 해놨냐는 주인의 질타부터 받아야 했다. 우리는 분명히 4일을 예약했고 화요일에 알함브라를 갈 수 있게 해달라고 부탁해 놨었기에 마음을 놓고 있었는데.

　지금 주인에게 우리는 이미 날짜도 확정안하고, 몇 명이 묵는지 명수도 확정 안하고, 티켓 예매도 제대로 말 안 해놓고 갈팡질팡한 사람들이 되어있었던 것이다. 우리는 영문 모를 짜증을 받았고, 그는 우리로 인해 고생을 해서 서로에 대한 첫인상이 안 좋은 상태로 숙소로 들어가게 되었다.

이제껏 우리는 에어비앤비로 집을 빌려서 집이 작았던 적도 없고, 관광지에서 좀 먼 것 말고는 어려움을 느꼈던 적도 없었는데 이곳에 도착하니 진짜 콧구멍만한 방에 침대가 4개 놓여 있었다. 한 명이 가방에서 뭘 꺼내려고 캐리어를 열면 다른 사람은 침대로 올라가 있어야 할 정도. 게다가 출입 제한시간부터 샤워시간까지 정해져 있으니. 더더욱 답답했다.(게다가 빨래도 하면 안 된다고! 냄새나기 시작한 내 옷들은….)

우린 들어오자마자 숙소비를 계산해 버렸는데 안냈으면 하루만 자고 나가고 싶을 정도였다. 사실 환불해달라고 이야기 하면 돼는 건데 우리의 소심함은 그걸 못했다. 하여간 첫날은 도착해서 뭘 할까 하다가 밥부터 먹기로 했다. 집주인이 추천해준 음식집에 가서 밥을 먹었다. 그곳은 그라나다에서도 맛집이고 한국인이 운영하는 식당이라고 했다. 뭐 딱히 맛집을 찾아다니는 사람들이 아니라. 추천받은 음식점 가서 음식을 먹기로 했다.

메뉴 델 디아-오늘의 메뉴를 시키면 전식, 본식, 후식이 나오는 코스요리를 먹을 수 있다-를 2개 시키려고 했는데 오늘 메뉴 델 디아가 3종류니까 한명씩 시켜서 먹으라고 권해왔다. 우린 그냥 다 오케이, 오케이 하고 3인분을 시켰다. 근

데 이건 정말 엄청난 양이었다. 집주인이 이집을 권할 때 전
식만 먹어도 배부를 거라고 말했었는데 과언이 아니었다. 그
중에서 제일 맛있던건 치킨스톡에 부러뜨린 얇은 파스타 면
과 계란을 풀어 넣은 스튜. 간편하고 맛있어서 집에 가면 꼭
만들어 먹어야겠다고 생각했다.

세비야에서 건너온 여독도 있고 심하게 과식을 해서 식곤
증이 몰려왔다. 오늘밤 동굴클럽을 가려면 자두는 게 낮지
않을까?라는 생각을 하고 우리는 다시 숙소로 가서 잠을 청
했다.

　　"11시에 일어나서 나가면 되겠지?"

그렇게 말하며 오후 6시부터 잠들었는데….
예상한대로… 아침까지 잤다.
잠깐 깨서 시간을 봤는데 이미 새벽3시.
허무한 밤이었다.

—— 추야

바람 부는 여름 궁전의 미로에서 길을 잃다

대부분의 사람들이 그렇듯 우리가 그라나다에 온 가장 큰 이유는 알함브라 궁전이었다. 궁전이 가진 역사와 배경에 대해선 전혀 알지 못하면서도 알함브라 궁전이라는 단어만 들어도 어딘지 애절한 기타 선율과 함께 낭만적인 이미지들이 떠오른다. 오전 9시 입장이기 때문에 아침을 든든히 먹고 서둘러 나갈 채비를 했다. 그래도 궁전에 가는 날이니까 캐리어에서 가장 화사해 보이는 보라색 드레스를 꺼내 입었다. 많이 걷게 될 테니 굽이 낮고 바닥이 푹신한 신발을 골랐다. 사진도 많이 남기고 싶어서 묵직한 DSLR 카메라도 목에 걸었다. 중간에 목이 마를 것을 대비해 물통에 물도 가득 채워 가방 옆에 걸었다. 그리하여 누가 봐도 관광객임이 분명한 눈에 띄는 옷매무새로 알함브라 궁전 입구까지 가는 택시에 타게 된 것이다.

여행 초반부터 택시를 타게 되면 행여 바가지요금을 물게 될까봐 걱정하던 우리였다. 하지만 세비야에서 무거운 짐을 들고 골목길을 헤매느라 고생했던 뒤로 택시타기에 도전했는데 생각처럼 위험하지도 바가지요금을 많이 내지도 않았다. 셋이 함께 요금을 부담하니 비용에 대한 부담도 없고 막상 타보니 너무 편해서 이제는 오히려 웬만한 거리는 택시를 이용하자고 이야기할 정도였다. 오늘도 그랬다. 숙소에서 알함브라 궁전으로 가려면 오르막길을 올라야 하는데 걷기엔 조금 멀고 버스 시간도 애매하니 택시가 낫다고 결론을 내리고 숙소 주인장에게 택시를 불러달라고 부탁했었다. 숙소 주인장이 미리 목적지를 말했을 것이라 생각하고 서울에서처럼(사실 서울에서도 그러면 안 될 테지만) 아무 생각 없이 뒷좌석에 앉아 바깥을 구경했다. 그런데 이 택시가 터미널 쪽으로 가는가 싶더니 시내를 벗어나 한적한 동네로 빠지는 것이 아닌가. 이상하다는 생각이 들 때쯤 택시가 아파트 단지 앞에 멈춰 섰다. 다 왔으니 내리라는 것이다. 우리는 당황했다. 여기가 알함브라 궁전이 맞냐고 물었다. 택시 기사 아저씨는 잠깐 당황한 듯하더니(아니 지금 생각해보니 당황하지도 않았던 듯하다) 다시 차를 돌려 왔던 길을 되돌아가기 시작했다. 그러는 사이에 미터기의 요금은 계속 올라가고 있었다. 화가 나기도 하고 입장 시간을 못 맞출까봐 불안하기도 했던 것 같은데. 엉뚱한 곳으로 우리를 데려 갈까봐 무섭지는 않았다. 그래도 우린 덩치 큰 여자 셋이니까.

궁전 입구로 향하는 줄은 길었다. 다양한 국적과 다양한 나이대의 사람들이 궁전의 입구가 열리기만을 기다리고 있었다. 새벽에 보슬비가 내렸지만 어느새 개었고 선선한 아침 바람이 상쾌하게 불어 왔다. 아직 물기를 머금고 있는 외벽의 붉은색이 흐린 날씨 속에서 신비하게 빛났다. 곧 알함브라 궁전 내부를 직접 눈으로 보게 될 것을 생각하니 설레었다. 조금 전 택시 사건으로 인한 불쾌한 기분은 입장시간에 늦지 않았다는 안도감 덕분에 지워진지 오래였다.

알함브라 궁전은 크게 네 개의 공간으로 이루어져 있다. 전망대이자 요새인 알 카사바, 아라베스크 양식의 꽃인 나사리 궁전, 여름궁전이라고도 불리는 헤네랄리페 정원, 카를로스 5세 궁전과 산타 마리아 성당과 프란

나사리 궁전

치스코회 수도원이다. 이 중 나사리 궁전은 입장권에 적힌 시간에 맞춰야
만 입장할 수 있는데 이 시간을 맞추려고 그렇게 조마조마했던 것이다. 일
정한 간격을 두고 일곱 여덟 명씩 입장권의 바코드를 스캔하며 궁 안으로
들여보낸다. 드디어 우리 차례가 왔다. 나와 화란이 먼저 입장하고 추야가
뒤이어 따라 왔다. 천장과 벽면의 화려한 무늬에 감탄하며 주위를 둘러보
는데 갑자기 추야가 넘어졌다. 넘어졌다기 보다는 쓰러졌다는 표현이 더
적절하겠다. 나스리 궁전 안에 들어선 추야는 마치 궁전에 사는 아름답지
만 병약한 공주님처럼 소리도 없이 사뿐히 쓰러져 궁전 돌바닥 위에 우아
하게 누워 있었다. 모두가 놀라서 쳐다봤지만 그녀는 아무 일도 없었다는
듯이 다시 일어났다. 돌부리에라도 걸려 넘어진 건가 물으니 그것도 아니
란다. 많이 다쳤을 것 같은데 아픈 곳도 없고 몸에 생채기 하나 없어서 본
인도 신기해했다. 혹시 전생에 알함브라 궁전의 공주였던 것 아니냐며 여
행 내내 두고두고 놀렸다.

　이곳이 언제 지어졌는지, 어떤 이야기가 숨겨져 있는지 전혀 알아보지
않고 왔지만 상상력을 자극하기에 충분한 공간이다. 열쇠 구멍처럼 생긴
문을 통과하는 것이 천일 밤 계속되는 신비한 이야기 속으로 들어가고 있
는 듯한 기분이었다. 상상으로 아름다운 공주를 그려보기도 하고 질투심
에 사로잡힌 왕이 되어보기도 했다. 아벤세라헤스 방에서 천정의 8각별
모양이 아름다워 잠시 넋을 잃고 보다가 이 방에서 참수당한 36명 남자들
의 피가 사자 분수까지 이어졌다는 이야기를 듣자 사자의 입에서 붉은 피
가 뿜어져 나오는 듯한 그림이 선명하게 그려졌다. 후다닥 상상에서 빠져
나와 몸서리치며 방을 빠져 나왔다. 코메레스 탑 쪽으로 걸음을 옮겨 발코
니를 통해 밖을 내다보는데 한 무리의 단체 여행객이 들어왔다. 일행을 통

솔하는 가이드의 말솜씨가 하도 맛깔나서 나도 자리를 옮기지 않고 그녀의 이야기에 귀 기울였다.

"이사벨라 1세가 이 궁을 향해 전진해 올 때 그라나다의 마지막 에미르(왕족)였던 보압딜은 선택을 해야 했어요. 싸울 것이냐, 도망갈 것이냐. 그는 이곳에 서서 그의 영토와 백성의 집들이 불타고 있는 모습을 보면서 더 이상 이 아름다운 영토가 파괴 되는 것을 지켜볼 수 없어 항복을 결심했다고 해요. 떠나면서도 '영토를 빼앗기는 것보다 궁전을 떠나는 게 슬프구나' 라고 했다죠."

이 낭만적인 왕이 살았다는 아름다운 궁궐의 발코니에 서서 알바이신 지구를 내려다보았다. 무수한 침략과 전쟁을 겪어내고도 평화로이 서 있는 무심한 아름다움에 한숨이 저절로 나왔다.

알함브라 궁전의 정원

오후 2시가 되자 마음에 여유가 생겼다. 헤네랄리페 정원을 둘러 볼 때
만 해도 비바람이 불어 쌀쌀했는데 구름이 걷히고 해가 높아지자 돌아다
니기 딱 좋은 날씨가 되었다. 입장권이 필요한 곳은 이제 다 둘러보았고 지
금부터는 오전에 보지 못 했던 곳들은 천천히 둘러보면 된다. 노을 질 무
렵의 알함브라 궁전과 해가 지고 난 뒤 성벽에 불이 켜졌을 때의 알함브라
궁전이 그렇게 아름답다고 들었던 터라 해가 완전히 지고 어두워질 때까
지 느긋하게 이 주변을 둘러볼 요량이었다. 마음에 여유가 생기니 이제야
허기가 느껴진다. 샌드위치라도 먹을까 싶어 주변을 살피던 중 공중 화장
실이 보여 잠깐 화장실에 다녀왔는데 일행이 보이지않았다. 처음엔 아직
화장실에서 나오지 않았나 싶어 건물 앞의 둥그런 벤치에 앉아 기다렸다.
꽤 오랜 시간이 지난 것 같은데도 일행이 보이지 않았다. 일행을 찾아 나
설까 하다가 괜히 길이 엇갈릴까 싶어 그대로 앉아 있었다. 사람 많은 놀
이 공원에서 엄마를 놓친 아이들이 꼭 그렇게 엄마를 잃어버린다고 하지
않았던가. 서른다섯의 다 큰 어른이지만 여행지에서는 일행을 잃어버리
는 건 좀 겁난다. 그 자리에 앉아 사방을 둘러보며 일행을 찾는데 수다스
런 아줌마들이 내 옆에 앉았다. 커다란 나무 하나를 가운데 두고 동그랗게
둘러진 벤치였는데 10월의 남부 스페인의 태양이 강렬했던 지라 모두들
나무그늘이 진 쪽으로 먼저 와서 앉았다. 그러더니 덩치 큰 스페인 아줌마
들의 커다란 엉덩이가 나를 자꾸 그늘 밖으로 밀어냈다. 나는 분명 화장실
건물을 향해 앉아 있었는데 어느새 반대편 공원 쪽을 향해 앉아 있게 되었
다. 툴툴 거리면서 일어나려는데 공원 안쪽에 주전부리를 파는 상점이 보
였다. 그리고 불현듯 화장실 가기 전 화란이 샌드위치가 먹고 싶다고 말했
던 게 생각났다. 그대로 일어나 공원 안으로 들어갔더니 추야가 나를 보며
"화장실에 사람이 많았나 봐요"라고 말한다. 화란은 조금 전 하몽이 들어

\# 아주 잠깐 일행을 놓쳤다가 마법처럼 일행을 찾았는데 아무도 내가 사라졌었다는 걸 모른다

있는 샌드위치를 사 먹었는데 최악이었다며 툴툴댄다. 정말 아무 일도 없었다는 듯이. 이상한 나라에서 막 빠져 나온 엘리스에게 엄마와 언니가 아무렇지도 않게 차를 권할 때 엘리스의 기분이 이랬을 것이다.

> "뭐야. 난 이 낯선 나라에서 당신들을 잃어버릴 까봐 조금 겁났었다고."

이렇게 말하면서도 사실은 너무나 반갑고 기쁘다. 그 자리에 있어 줘서 고맙다고 말하고 싶을 정도였다. 둘은 심하게 반가워하는 나를 이상하게 생각하는 듯 했지만.

우리는 그 곳에서 좀 더 쉬었다. 경계 없이 사람들에게 다가와 발라당 누

워 애교 부리는 고양이를 구경했다. 화란의 하몽 샌드위치는 고양이에게
도 인기가 없다. 옆에 있는 외국인이 너무나 자연스럽게 누워서 쉬기에 따
라해 봤다. 하늘이 참 맑다. 지열이 올라온 돌바닥이 따끈하다. 긴장이 한
순간에 풀리면서 나른해졌다.

—— 소리아

그란나다, 알함브라의 추억

스페인 & 포르투갈에 춤추러 가자

알함브라

그라나다에 온 이유는 한 가지 오직 알함브라다. 알함브라에 대한 찬양은 누구나 들어 봤겠지만…. 정말 아름답다. 열 번 말해도 모자랄 만큼 아름답다. 뻔한 말밖에는 못 하는 내 비루한 어휘력이 슬프다. 처음 입장했을 때 생각보다 낡은 궁에 조금 실망하다가 궁전의 방을 넘어서 한 곳 한 곳 갈 때마다 소름이 올라왔다. 오랫동안 버려져 있던 이 궁을 처음 발견한 사람의 기분은 어땠을까. 이미 아름답다는 이야기를 듣고나서 보는 것도 이렇게나 소름이 돋는데. 궁전 안에 들어가면 어디에서나 물소리가 들린다. 이 건조한 기후의 땅에서 어디에서나 물소리를 들을 수 있는 건 한없이 호화로운 일이겠지.

이곳이 어린 시절부터 나의 로망이었던 이유가 있었다. 일본의 만화가 아키노 마츠리가 그린 〈현자의 돌〉이라는 만화 때문이다. 주인공이 사람을 영생하게 만들어 준다는 현자의 돌을 찾아서 여기저기 여행하는 옴니버스 작품인데, 그중 한 에피소드가 알함브라가 이자벨 여왕에게 함락당하기 전날의 이야기를 담고있다.

이자벨 여왕은 무혈입성으로 알함브라를 차지하고 싶어했고, 당시 알함브라를 지키고 있던 보압딜 왕에게 항복을 설득

하기 위해 주인공을 알함브라로 보낸다. 주인공은 알함브라에 들어가 보압딜과 친분을 쌓기 시작하는데, 왕은 태후가 원치 않는다는 이야기를 하며 한사코 항복하지 않겠다고 말한다. 보압딜의 어머니는 마지막까지 태후로 살다 죽기를 원하는 여인이다. 어리고 우유부단한 왕은 결국 암살 위협을 겪는데, 그의 곁에 있던 주인공이 누명을 쓴다. 하지만 주인공답게 그의 활약으로 암살 계획은 태후의 음모였음이 밝혀지고, 보압딜은 백성을 위해 항복을 결심한다. 왕을 비롯한 모든 사람들이 떠나고 알함브라에 혼자 남은 주인공은 현자의 돌을 만들었다는 어느 연금술사가 만든 문을 만진다. 그러자 마법처럼 화려했던 왕궁은 사라지고 성은 그저 평범한 건물이 되고 만다. 침략자들은 진정한 알함브라를 결코 볼 수 없다.

고등학생 시절 이 이야기를 읽은 후로 나는 쭉 알함브라에 가는 날을 꿈꿨다. 침략하기 힘든 단단한 요새이자 극도의 아

\#   여름궁전

름다움을 형상화한 하나의 작품. 만화에서처럼 마법같이 아름다운 성채였다. 꿈꿔 왔던 것만큼 아름다웠지만, 상상했던 것만큼 생기 있지는 않았다. 만화처럼 난 '진정한 알함브라'를 볼 수 없겠구나 라는 생각이 들었다. 아무리 화려해도 그 화려함을 매일 즐기며 사는 사람들이 없다면 이미 그건 죽은 건물, 그저 남겨진 잔해일 뿐. 하지만 그 남겨진 잔해는 내가 실제로 본 다른 어떤 것 보다 아름다웠다. 지금도 알함브라를 생각하면 그 아름다운 천장과 물소리가 생생하다.

알함브라의 에피소드를 쓰자면 우린 티켓 때문에 집주인에게 맘 상했고, 집주인이 택시 불러줘서 탔는데 알함브라 가자했더니 엉뚱한 데로 가서 돈이 두 배가 나와서 기분 더러웠고, 티켓으로 유료 입장할 수 있는 곳이 5군데인데 우린 정원 하나 빼먹고 4개 밖에 못 갔으며, 그 아름다운 여름궁전 헤네랄리페에 갔는데 그때마침 폭우가 쏟아져서 물에 반사된 반짝거리는 햇빛도 못 봤고, 화란이 먹은 하몽샌드위치는 누린내가 너무 나서 못 먹고 버렸다. 감상에 풍덩 젖기엔 많은 불운한 일들이 일어났다. 하지만 비에 젖은 알함브라도 운치 있었으므로, 위로를 하며 우린 숙소로 내려왔다.

알함브라에서 내려오는 길에는 기념품가게가 줄지어 있다. 그때 내 눈에 들어온 건 칼림바Kalimba라는 아프리카 악기. 전에 제주도를 여행할 때 어떤 게스트하우스에 놓여있어서 한번 만져 봤는데 너무 아름다운 소리가 났었다. 바가지처

럼 생긴 통 가운데에 귀파개 같이 생긴 누름쇠가 여러 개 있
는데 그걸 튕기면 맑고 아름다운 소리가 나는 악기다. 가격도
비싸지 않고 모양도 귀여워서 그걸 하나 사들고 내려왔다. 이
악기는 집에 돌아와 동생의 친구에게 갔는데 그 친구는 작곡
을 하는 친구다. 이게 그 친구의 작업의 영감을 주면 기분이
좋을 것 같단 생각이 들었다.

—— 주야

알바이신 지구의 골목을 누비다

해진 뒤 알함브라 궁전의 전경을 한 눈에 볼 수 있는 전망대를 찾기 위해 알바이신 지구의 골목골목을 누빈다. 비탈길을 오르고 아름다운 정원이 숨겨진 담 높은 집들을 지나간다. 이 길이 맞나 싶을 때 쯤 발견하게 되는 이정표를 따라 전망대를 찾아 간다. 관광객은 하나 없는 한적한 주택가를 지날 땐 그 가파른 언덕에 빼곡히 세워진 하얀 담의 집들 덕에 성북동에서 길상사로 가는 길 같다는 생각도 들었다. 내가 이렇다. 외국 어디든 여행하면 우리나라의 어느 곳이 먼저 떠오른다. 새로운 곳을 구경하자고 왔는데 익숙한 것부터 먼저 발견해 버리고 마는 거다. 하지만 좋은 점도 있다. 이제 앞으로 성북동의 골목사이를 지날 땐 분명 그라나다에 있는 언덕길 어딘가를 걷고 있는 기분이 들 것이다.

\# 그라나다 \# 전망대
\# 올라가기 힘들다

언덕 끄트머리에 놀이터가 있어 잠시 쉬어 가기로 했다. 추야는 그대로 드러누워 낮잠을 청했고 화란은 드로잉 노트를 꺼냈다. 오후 4시가 가까워 오기에 카메라를 들고 사진 찍을 만한 곳을 찾았다. 어린 아이 두 명이 그네를 타고 놀고 있었고 미끄럼틀 뒤 쪽에서는 윗옷을 벗은 젊은 남자가 공을 가지고 저글링을 연습을 하고 있었다. 멀리 알함브라 궁전이 보인다. 이국적이면서도 평화로운 풍경이다. 오후 4시가 되어 토이 카메라를 꺼내 눈앞에 보이는 풍경을 한 장 찍고 일행 곁으로 돌아왔다. 화란은 아직 한창 드로잉 중이다.

"너도 한 장 그릴래?"

화란이 노트 한 장을 부욱 찢어 나에게 건넨다. 틈만 나면 그림 그리는 여자 둘과 한 달을 함께 여행하게 되었으니 이번 기회에 그림 그리는 것을 배워볼까 생각해 보기도 했으나 그림 그리기는 여전히 어색하다.

"그냥 그리고 싶은 걸 그리면 돼."

망설이는 나에게 화란이 한 번 더 권했다. 종이와 펜을 받아들고 뭘 그리고 싶은 걸까 한참을 생각했다. 얼룩무늬 강아지 한 마리가 벤치에 위에 엎드려 낮잠을 자고 있는 모습이 눈에 들어 왔고 저 모습을 그리기로 했다. 그림이라는 건 어떻게 그리는 걸까. 이제껏 어느 누구도 나에게 그림 그리는 것을 가르쳐 준 적이 없다. 초등학교 미술 시간에도 그냥 무언가를 그려보라고 하지 그것을 어떻게 그리는지 설명해 주던가. 내가 자신 있게 그릴 수 있는 그림은 '아침 먹고 땡' 노래에 맞춰 그리는 '아이고 무서운' 해골바가지 밖에 없었다. 낮잠 자는 강아지를 그릴 수 있을까. 펜을 손에 쥐고 강아지와 노트를 번갈아 바라보았다. 흰 종이에 어디서부터 선을 그려야 할지 알 수 없었다. 그래 쉬운 것부터 시작하자. 숨을 한 번 내쉬고 강아지가 누워 있는 기다란 벤치를 먼저 그렸다. 그리고 옆으로 갸웃하게 누운 삼각형 모양의 귀를 그렸다. 둥그렇게 솟은 등을 그렸고 동그랗게 말려 있는 꼬리를 이어 그렸다. "잘 그리네." 화란이 슬쩍 보더니 격려해 주었다. 처음으로 그림 그리는 일이 신이 났던 것 같다. 학교 다닐 때도 미술 시간은 체육시간 만큼이나 끔찍이 싫어했던 나다. 실제로 완성된 그림은 어린 아이가 그린 것보다도 거칠었고 어디에 두었는지 기억도 나지 않지만 신기하게도 옆으로 고개를 비스듬히 두고 낮잠을 자던 그 강아지의 모습은 아직까지도 선명하게 떠오른다. 아마 충분히 시간을 두고 발가락 하나까지 세세히 관찰했던 경험 덕분이리라. 무언가를 오래도록 기억하기 위한 방법으로 대상을 오래 두고 몇 번이고 바라보며 그리는 것처럼 좋은 방법이 또 있을까 하는 생각이 들었다.

하늘이 서서히 붉게 물들기 시작했다. 이제 때가 되었다. 알함브라 궁전을 마주 보고 있는 카페를 찾아 들어 갔다. 카페 전체가 알함브라 궁전을 향해 열려 있었고 아직 산등성이를 넘지 못한 늦은 오후의 붉은 햇볕이 카페 안으로 길게 들어와 있었다. 아마 이 동네에서 가장 전망 좋은 카페이며 그만큼 가격도 비싼 카페가 아닐까. 내심 긴장하며 자리를 잡았다. 웨이터가 건네준 메뉴판을 들여다보는데 낯선 언어로 적힌 메뉴들이 제법 익숙했다. 샐러드와 스파게티의 재료로 뭘 사용하는지 상세히 적혀 있었다. 적어도 음식 메뉴에서 만큼은 스페인어가 좀 익숙해 졌구나 싶었는데 다시 보니 영어 메뉴판이다. 현지인보다 관광객이 더 많이 오는 카페인지라 영어 메뉴판이 따로 있나 보다. 가격도 언덕 아래에서 먹었던 음식들 가격에 5유로 정도가 더 붙은 것 같았다.

"관람료라고 생각해야지 뭐."

화란이 눈이 부신지 한쪽 눈을 찡긋했다. 추야와 화란은 그라나다에서만 맛 볼 수 있다는 알함브라 맥주를, 나는 티라미수를 주문했다. 술이나 커피를 잘 못 마시는데 이 순간만큼은 나의 기호가 원망스러웠다. 그라나다에서 알함브라 궁전을 바라보며 알함브라 맥주를 마셨다고 말할 수 있는 기회를 놓치다니! 하지만 달콤하고 진한 티라미수를 한 스푼 떠 입에 넣는 순간 모든 원망과 아쉬움은 사라졌다. 나는 알함브라 궁전 앞에서 알함브라 맥주를 마셨다고 말하는 대신 세상에서 가장 진한 티라미수를 맛보았다고 말하고 다닐 것이다. 노을빛으로 물든 알함브라의 궁전은 아름다웠다. 셋 다 눈빛이 조금 아련해졌다. 그리고 늘 그렇듯 추야와 화란은 드로잉북을 꺼내 앞에 보이는 풍경을 펜으로 옮기기 시작했다. 나는 그들의 모습을 카메라에 담았다. 셋 다 잠시 말을 잊고 저만의 방식으로 눈앞의 풍경을 즐긴다. 그럴 수 있어서 좋았다.

스페인 & 포르투갈에 춤추러 가자 /

\#　드로잉　\#　허세　\#　알함브라 맥주　\#　내영혼을_스케치에_담_는_다

　이제 해가 완전히 넘어가 사방이 어둑해지자 알함브라 궁전에 조명이
켜졌다. 좀 더 가까이서 보고 싶어 카페에서 나와 전망대로 올라갔다. 많
은 사람들이 모여 같은 곳을 바라보고 있었다. 사비카 언덕 위에 세워진

알함브라가 어둠 속에서 신비스러운 빛을 내고 있다.

"예쁘다."

탄식에 가까운 감탄사가 절로 나왔다. 옆에 있던 아주머니가 우리의 이야기를 듣고 한국 사람을 만나서 반갑다고 말을 건다. 친구 셋이 여행 중이라고 하니 너무 부럽다는 말과 함께. 짧은 시간 각자 알고 있는 여행 정보를 공유하고 서로의 즐거운 여행을 빌어줬다. 이제 방금 만난 사람들이지만 서로에게 건네는 다정한 말에서 따뜻한 온기가 느껴졌다. 포르투갈을 여행하고 있을 때만 해도 낯선 사람이 말 거는 게 어색하고 무서웠는데 이제는 이렇게 만나는 게 반갑고 고맙다. 나 조금 변했구나.

그라나다의 타파스 인심

홍대에는 타파스라는 이름이 붙은 스페인 음식점이 있다. 스페인에서 살고 왔다는 세자매가 함께 운영하는 곳인데 지금도 그 자리에 있는지는 모르겠다. 그곳의 분위기와 음식이 좋아 막연히 스페인을 동경하게 되었던 것 같다. 타파스는 메인 요리를 먹기 전에 술과 함께 곁들여 먹는 소량의 요리를 말한단다.

민박집 주인장이 알려준 팁인데 그라나다에서는 처음에 메뉴를 주문하고 나중에 추가로 술을 주문하면 타파스가 서비스로 따라 나온다고 한다. 그런데 추가로 술을 주문할 때 타파스를 같이 주문하면 서비스 타파스를 주지 않는다고. 그러니까 하나의 음료에 하나의 타파스가 꼭 따라오는 게 아니라 술을 마실 때 안주가 부족할까봐 배려하는 차원에서 타파스를 하나 만들어 주는 게 그라나다의 타파스 인심이랄까. 우리도 이 공짜 타파스가 먹고 싶어 주인장이 추천해 준 식당을 찾아 갔다.

샐러드와 맥주 두 잔 하몽이 나오는 세트 메뉴를 주문하고 '후고 데 나랑하 Jugo de Naranja'를 주문했다. 후고 데 나랑하는 오렌지주스다. 오렌지주스라고 말하면 못 알아듣는 경우가 많아. 여행 책을 보고 외워뒀던 단어다. 처음엔 어색해서 책을 보고 읽거나 그림을 가리켰는데 몇 번 주문하다 보니 후고 데 나랑하가 어느새 입에 착 붙었다.

아랍거리를 걸으며 골목 사이사이에 가득 찬 상점들을 구경하고 있을 때였다. 멀리서 음악소리가 들려왔다.

"플라멩코 공연일지도 몰라!"

그라나다와 세비야의 플라멩코가 유명하다는 말을 들었던 터라 내심 길거리에서라도 플라멩코 공연을 보게 되길 기대하고 있던 터였다. 음악을 따라 광장 쪽으로 나가 보니 전통의상을 차려입은 사람들이 플라멩코 공연을 하고 있었다. 박수 소리에 따라 한명씩 중앙으로 나와 기량을 뽐내는데 그들이 뿜어내는 카리스마에 숨이 막힐 지경이었다. 공연이 끝나고 그냥 떠나기가 아쉬워 계속 서 있는데 백발의 중년 신사가 다가왔다. 공연 멤버 중의 한 명이 우리와 같은 나라에서 온 것 같은데 인사를 나누라는 것이다. 그러면서 플라멩코 공연단 가운데 눈에 띄었던 마르고 단단한 체구의 동양 여자 분을 우리에게 데려왔다. 당연히 한국 사람이라고 생각하고 우리말로 '공연 너무 잘 봤어요'라고 인사했는데 여자 분이 고개를 갸우뚱한

다. 알고 보니 그녀는 한국이 아니고 일본에서 왔던 것. 말이 통하지 않아

긴 이야기는 나누지 못했지만 자그마한 체구로 커다란 스페인 사람들 틈

에서 지지 않고 강렬한 카리스마를 뿜어내며 플라멩코를 추던 그녀와 인

사할 수 있어 기뻤다. 정말 멋져요!

— 소리아

그라나다 # 광장 # 플라멩코 # 거리 공연

밤 문화 즐기기 2탄 그리고 또 망함

집주인은 마에 웨스트 그라나다Mae West Granada라는 클럽이 그라나다에서 제일 핫하다고 갈 거면 거기를 가라고 했다. 평일에는 동굴클럽은 열지 않는다고 알려주었다.

우린 도저히 억울해서 안 되겠다는 생각에 마에웨스트를 가기로 결심했다. 검색해보니 월요일 빼고 매일 여는 클럽인 듯. 우린 설레는 마음으로 왁자지껄 꾸미고 지도 앱을 열고 천천히 따라갔는데 멋내느라 신은 높은 신발을 신고 걸어가긴 무리인 거리였다. 거의 40분을 걸어서 클럽 마에웨스트에 도착했는데… 안 열었다 아직. 거의 9시에 도착했는데도 안 열었다. 근처는 황량하고 가게 문들도 다 닫아서 거기서 버티고 있을 곳도 없었다. 지하철역에 들어가 있자니(소심해서) 위험할거 같고. 우린 못 기다리고 다시 돌아 왔다.

"우리 화장 왜 한 거니."
"그러게."

그냥 들어가긴 아쉬워서 숙소 근처의 예쁜 술집에 가서 술을 먹었다. 어디인지 기억은 잘 안 나지만 끌라라가 맛있던 곳이었다. (끌라라는 스페인에서 많이 먹는 맥주＋레몬환타를 섞은 칵테일. 달콤하고 시원하다) 그라나다는 어느 술집

스페인 & 포르투갈에 춤추러 가자 /

을 가도 음료를 시키면 무조건 타파스를 주는데 시키지 않아도 알아서 가져다준다. 그날그날 기분 따라 다른 걸 주는 모양. 원하는 걸 시킬 수도 있겠지만 우리에겐 무리여서… 이날 준 타파스는 생선튀김. 생각보다 정말 맛있었다.

오늘도 밤 문화체험은 망했다. 사람은 역시 평소에 하던 것을 넘어서기 힘든 동물인거 같다.

—— 추야

그라나다, 하고 싶은 대로

전날 일찍 잠을 잤어도 피곤이 가시지 않았다. 숙소에서 준비한 한식 아침식사를 다 비우고, 준비해온 홍삼을 마셔도 도통 기운이 나지 않았다. 네르하에 가서 수영을 하기로 했는데, 난 도저히 네르하에 가서 수영을 할 수 힘이 충전되지 않았다. 친구들에게 하루를 쉰다고 말하고, 좁은 침대에 몸을 구겨 넣어 다시 잠을 청했다. 혼자 남은 방에서 적막함을 벗 삼아 잠을 잤다. 쿨쿨 잘도 잤다. 한참을 자고 있는데 허리가 뻐근했다. 가뜩이나 허리가 안 좋은데, 매트리스 가운데가 내려 앉아 누워서 더 자고 싶어도 일어날 수밖에 없었다. 이 망할 놈의 한인 숙소! 이제사 여유 있게 숙소에서 쉴 수 있는 순간이 왔는데, 숙소 환경이 뒷받침해 주지 않았다. 이대로 계속 자다가는 여행하면서 허리 병이 도질 것 같아 일어났다.

자리에 일어나 남은 하루를 어떻게 보낼지 고민했다. 숙소에 계속 있기에는 숙소가 매력적이지도 않다. 포르투갈에서 첫날 묵었던 숙소 같았다면 하루 종일이 아니라 일주일을 뒹굴거려도 행복할 것 같았는데, 말짱한 정신으로 이곳에 오래 있다가는 홧병이 올듯했다. 숙소 주

스페인 & 포르투갈에 춤추러 가자

인이 준 지도와 여행 책을 가방에 넣고 그라나다를 돌아
다니기로 했다. 이번에는 책이 소개해준 곳을 성실히 따
라 가려고 했는데, 막상 책이 안내해준 데로 다니기도 힘
들었다. 항상 어처구니없는 장소에서 헤매다가 엉뚱한
곳으로 갔는데, 걷다 보면 또 목적지에 무사히 닿았다.

항상 같이 다니던 여행을 혼자서 하니, 묘한 설렘과 흥
분이 올라왔다. 물론 길을 잃거나 소매치기를 당하면 어
쩌나 걱정도 했지만, 이 숙소에 있는 것보다 나을 것 같
았다. 전망대가 있는 알바이신 지구와 사크로몬테 지구
에 있는 사크로몬테 동굴박물관을 향해 걸었다. 일요일
이라 그런지 오고가는 사람들이 많았다. 언덕으로 올라
가기 전에 그라나다 시내를 둘러보면서 왕실 예배당으
로 갔다. 상당히 길게 사람들이 서 있었다. 그 긴 줄을 보
고 엄청난 볼거리가 있나보다 생각하며 인내심을 가지고
기다렸다. 티켓을 끊고 입구에 들어서도 긴 줄은 계속 이
어졌다. 길게 이어진 줄 끝에는 지하로 향하는 계단이 있
었다. 기다리면서 왕실 내부를 구경했다. 웅장하고 화려
했다. 금빛으로 번쩍거리고 정교한 내부 장식에 장인들
이 얼마나 고생했을까 싶었다. 줄은 아주 천천히 줄어들
었다. 도대체 저 안에 무엇이 있길래 그런지 너무 궁금
했다. 계단을 내려 조심히 안을 들여다보니 왕들의 유해
가 있었다. 내가 저 유해를 보려고 이렇게 인내심을 가지
고 기다렸나 싶어 살짝쿵 억울함까지 밀려왔다. 책에 유

해가 있다고 하긴 했지만, 내가 기다리던 줄 끝에 유해가 있을 줄은 몰랐다. 다른 전시실로 가서 왕들이 지니던 유물을 보고 나왔다. 그 당시에 태어났다면 감히 보지 못했던 것들이겠지?

그라나다는 이슬람 문화가 꽃피었던 지역이라서 그런지 이슬람의 흔적이 곳곳에 보였다. 향신료를 파는 가게에서 향신료가 포대에 담겨 정갈하게 팔고 있었다. 저 많은 향신료로 어떤 요리가 나올지 궁금했다. 여행하면서 먹어볼 기회를 만들어 보고 싶었지만, 정보를 찾기가 귀찮았다. 이러다가 능동적이고 적극적인 여행의 세 번째 단추도 못 끼울 것 같다. 대성당에서 엘비라 문을 향해 걸어갔다. 붐비던 사람들이 조금씩 줄어들었다. 책에서 소개한 문이라 크고 거창하고 화려하면서 멀리서도 한 눈에 알아볼 수 있는 문인 줄 알았다. 근처에 다 와도 문을 찾을 수가 없었다. 잘못 왔나 싶어 한참을 서성이다가 길가에 걸터앉아 책을 자세히 바라보았다. 책과 비슷해 보이는 문이 건물 사이에 새초롬하게 서 있었다. 엘비라 문은 문이었다는 모습만 간직한 채 레스토랑과 바와 함께 공존하고 있었다.

전망대는 시간의 제약이 없기 때문에 사크로몬테 동굴 박물관을 먼저 들르고 내려오면서 전망대에 들르기로 했다. 언덕마다 하얀색 집들이 빛을 받아 예쁘게 반짝였다.

스페인 & 포르투갈에 춤추러 가자

언덕을 올라가는 것이 힘들기도 했지만 올라 갈수록 시
야가 넓어지면서 그라나다의 모습이 조금씩 자신을 드러
냈다. 길가에는 동글동글한 주황빛 열매를 맺고 있는 선
인장이 많았다. 역시나 동굴박물관도 근처에 다와서 헤
맸다. 이렇게 헤맸던 것도 엘비라 문처럼 동굴박물관의
모습을 내 멋대로 상상한 했기 때문이다. 동굴박물관이
라고 해서 커다란 동굴 입구 앞에 네온사인이 번쩍거리
는 간판이 한눈에 뛸 줄 알았다. 자꾸 스스로가 만들어
낸 고정관념에 사로잡혔다. 헤맨 덕분에 외벽을 그릇으
로 장식된 아름다운 집을 볼 수 있기도 했지만, 보고 싶
은 박물관을 보지 않고 포기해야 하나 싶었다. 다시 한 번
지나온 길을 꼼꼼히 살피며 짚어갔다. 사람이 살고 있는
집이라고 생각했던 하얀 집 사이의 계단을 올라가야 동
굴박물관으로 갈 수 있었다. 동굴박물관은 기대 이상 많
은 볼거리가 있었다. 동굴집에서 생활했던 모습을 그대
로 재현되어 있어 마치 난쟁이 집을 방문한 듯한 착각을
불러 일으켰다. 동굴집을 하나하나 들어가서 그들이 사
용했던 침대, 가구, 그릇, 농기구 등을 꼼꼼히 구경했다.
보고 있자니 나도 모르게 작은 이야기들이 머릿속에 동
동 떠다녔다.

　동굴박물관과 가까운 산 미구엘 알토 전망대로 올라갔
다. 인가와 인적이 드물어지더니 풀밭이 무성한 언덕이
보였다. 정리 안 된 뒷동산을 올라가는 기분이었다. 특별

한 이정표도 발견할 수 없어서 내가 맞는 길을 가고 있나,
또 헤매고 있는 것이 아닌가 하는 의구심이 솟았다. 이런
불안감을 안고 길 따라 죽 올라갔다. 멀리서 사람들이 모
여 있는 모습이 보였다. 사람들은 성당 돌담에 앉아 맥주
를 마시며 발아래 있는 그라니다를 바라보고 있고, 친구
들과 함께 기타를 치며 노래를 부르는 사람도 있었다. 나
도 돌담에 앉아 그라나다와 알함브라 궁전이 한 눈에 보
이는 풍경을 바라보았다. 친구들과 함께 바라보면 더 좋

을 것 같았다. 다음날 같이 오고 싶었지만, 길치라 길을 오르는 길을 까먹어서 같이 오르지는 못했다. 맑았던 하늘이 어느새 구름이 잔뜩 끼어 있었다. 우산을 챙겨오지 않아서 비가 오기 전에 내려갔다. 전망대로 오는 길이 다양했는지 올라오는 사람들의 방향이 제각각이었다. 나는 올라온 길로 내려가지 않고 아래를 향해 길 따라 내려왔다. 올라올 때는 그렇게 힘들더니 내려가니 금방 내려갔다. 잔뜩 구름 낀 하늘에서 빗방울도 떨어지지 않았다. 이렇게 금방 내려올 줄 알았으면 전망대에서 좀 더 있다 내려올 걸 하는 아쉬움이 남았다. 언덕을 내려와 슈퍼에 들러 그라나다에서만 판다는 초록색 병인 〈알함브라맥주 1925〉 한 병을 사서 돌담에 걸터앉아 마셨다.

돌담에 앉아 있으니 굉장히 외롭다는 생각과 함께, 오롯이 혼자 있는 나를 느끼니 충만해지는 느낌이 같이 올라왔다. 맥주의 초록색 병을 한국까지 들고 가고 싶었지만 뚜껑만 주머니에 챙겨 들고 갔다. 한인 민박이 다 마음에 안 들었지만, 한 가지 좋은 것이 있었다. 한인 민박집에 걸려 있는 술 뚜껑 장식품이었다. 여행을 하면 기념품을 샀다. 하지만 기념품도 다 비슷비슷하고 막상 괜찮은 걸 고르면 값도 상당했다. 짐도 덜 되고 기념할만한 것이 무엇일까 생각했는데, 때마침 술 뚜껑 장식품을 보면서 '바로 저거다'라는 생각이 들었다. 술도 좋아하고 나름 나만의 기념품이 될 것 같았다. 이때부터 남은 여행을 하면서 와인 코르크, 샴페인 코르크, 병맥주 뚜껑을 모아서 한국에 가져가서 장식품을 만들었다. —— 화란

스페인의 수도에서

[MADRID]

마 ◆ 드 ◆ 리 ◆ 드

스페인의 수도에서

넓은 집을 얻게 된 기쁨으로 샴페인을 터트리다

스페인의 수도 마드리드에 입성했다! 숙소에 도착해 우리의 기쁨은 두 배가 되었는데 그라나다에 비해 집이 훨씬 넓어진 것이다. 통금도 없고 숨 죽여 다닐 필요도 없고 요리도 빨래도 맘껏 할 수 있다는 사실만으로 그 저 좋았다. 아트디렉터로 일하고 있다는 숙소 주인 에너벨은 포옹으로 반 기며 우리를 맞아 주었다. 남자친구와 함께 프랑스로 여행가는 동안 우리 에게 집을 내어 준 것인데 남자친구라는 단어에서 한 번 꺄악! 프랑스라는 단어에서 두 번 꺄악! 비명 소리가 터졌다. 우리 셋은 확실히 들떠 있었다. 에너벨이 집 소개를 해주고 떠났다.

우리는 일단 시장부터 찾았다. 맘껏 해먹는 요리에 얼마나 굶주려 있었 던가. 포르투갈에서 몇 번 장을 봤다고 이제 제법 전문가 냄새가 난다. 일 단 마트에 가는 길에 있는 과일가게에 들러 과일 가격을 확인했다. 마트와 가격을 비교해 본 뒤 다시 오자. 그리고 원래 가기로 했던 마트에 들어가 일주일간 먹을 식량을 샀다. 우유와 치즈 시리얼은 기본이고 닭고기와 돼지고기, 샐러드용 야채도 샀다. 오늘을 기념하자며 와인과 샴페인도 담았다. 과일은 역시 처음에 들렀던 작은 가게가 훨씬 쌌다. 사과와 바나나까지 사서 양손 가득 장바구니를 들고 의기양양하게 집으로 돌아왔다.

콧노래를 부르며 식사준비를 하는데 아뿔사! 가스레인지에 불이 들어오지 않는다. 가스밸브를 확인하고 애너벨에게 전화를 걸어 사용 방법을 물어 그대로 해봤는데도 불꽃이 전혀 올라오지 않았다. 한껏 장 봐온 식재료들을 어찌해야 하나 잠시 당황했는데 극적으로 불이 붙었다. 성냥에 불을 붙여 가스레인지에 불꽃을 살린 것! 별 것 아닌 문제였는데 해결하고 나니 뿌듯했다.

그리하여 오늘 저녁 식탁엔 추야의 요리솜씨가 유감없이 발휘된 만찬이 차려졌다. 조용하게 지내야했던 그라나다의 민박집에서 벗어나 자유를 되찾은 기념으로 샴페인도 터트렸다. 사실 알고 보니 그때 샴페인이라고 알고 마신 술은 까바였다. 샴페인은 프랑스 술이란다.

추야에게 음악도 주문했다. 추야가 노트북을 열어 하드에 저장된 음악들을 살핀다.

"어떤 음악으로 틀까요?"

까다롭게 음악을 고르는 것으로 괜히 허세를 부려 본다.

"스윙은 아닌 것 같아, 블루스도 아니고, 아냐아냐, 좀 더 신비스럽고 낯선 곳으로 나를 데려갈 듯한 그런 음악 없을까. 아! 좋다 바로 그거!"

그날 우리가 선택한 음악은 '월터의 상상은 현실이 된다 The Secret Life of Walter Mitty'의 OST였다.

—— 소리아

마드리드의 숙소, 오자마자 빨래를 한가득 했다.

그라나다에서 탈출, I love 마드리드

우리가 그라나다에서 4일 머물렀는데 그곳에 머무르는 동안 우리의 인상이 꽤 좋아진 모양이었다. 초반에는 그리 차가운 말투로 말하던 집주인이 숙소를 나갈 때가 되니 말투도 부드러워지고, 안내도 친절하게 해주었다. 어디에 갈 거냐. 여기가 좋다. 등등 추천도 해주고.

개념 없는 여자들인가? 싶었는데 일찍 들어와서 잠만 자고 하지 말란 건 다 안하고, 숙소에서 제공하는 조식을 잘 먹다 못해 모든 반찬까지 싹싹 긁어 먹는 우리를 보고 호감을 느낀 모양이었다. 숙소에 있던 다른 방에 묵는 사람들은 그 나름대로 잘 차려진 한식식사를 반도 안 먹는걸 보고 우린 충격을 받았다. 우린 국제적으로도, 잘 먹고 덩치도 큰 여자들임에 분명했다. 이곳에서도 우리보다 덩치 큰 여자 별로 못 봐서 좀 씁쓸했다. 나의 여리여리함을 느껴보고 싶을 때 네덜란드를 여행해 봐야겠다. 하여간 마지막엔 친절한 배웅을 받으며 그라나다를 떠나왔다. 그 답답했던 그라나다 숙소를 벗어나 마드리드로 향했는데 우습게도 탈출하는 기분이 들었다. 이제부턴 내 개인적인 시간을 보낼 수 있겠구나.

마드리드의 집주인인 애너벨은 쿨하고 아름다웠다. 그녀는 우리에게 웰컴 드링크로 까바 Cava(스페인 스파클링 와인)를 주고, 집에 있는 먹을 것도 다 먹어도 된다고 하고, 빨래도 자유롭게 하라고 말하고 쿨하게 떠났다. 넓고, 밝고, 자유로운 그 숙소가 너무 좋았다.

게다가 집주인이 호감가기까지! 하지만 그녀와도 곧 안 좋은 일이 생기는데…. 이건 나중 이야기.

그녀가 준 까바를 따며 우린 마드리드에 온 것을 자축했다. 15일 넘게 무탈하게 여기까지 온 우리를 스스로 칭찬하면서. 도착했을 때 마드리드는 지독하게 추웠다. 도저히 10월 날씨가 아니었다. 스페인의 10월은 건기인데 우리가 가는 곳 마다 비가 내려서 우리 비를 몰고 다니나보다라는 말을 농담 반 진담 반 이야기 했다. 오래 걸어 다닌 데다 비도 내려서 평소 지병인 허리 통증이 도져서 침대를 사용할 수가 없었다. 난 있는 방석과 이불을 바닥에 깔고 누웠다. 다들 안 춥겠냐고 했지만 괜찮다고 객기를 부리고, 바닥에서 누워서 잠든 지 2시간. 이가 딱딱 부딪히는 추위에 난 허리 따위가 뭐냐 하면서 침대로 기어 올라갔다. 정말 지독하게 추웠다. 그래서 결심했다 겨울엔 유럽에 안가겠다고. 겨울엔 무조건 동남아를 가겠다고 나와 약속했다.

―― 추야

마드리드, 미술관 순례

마드리드의 미술관은 규모가 컸다. 미술관을 가기 위해 비행기 표를 끊어도 충분할 것 같았다. 프라도 미술관을 시작으로 국립 소피아 왕비 예술 센터와 티센 미술관을 이틀에 걸쳐서 미술관만 다녔다. 추야와 나는 미술관련 전공자라 힘든 것도 모른 채 정신없이 작품을 봤는데, 소리아는 많이 피곤한 일정이었다고 했다.

프라도 미술관은 하루를 할애했는데도 못 본 작품 투성이었다. 세계 3대 미술관 중에 하나인 이곳에 끝도 없이 이어지는 작품을 다 볼 생각에 발걸음이 빨라졌다. 우리는 시간을 정해서 미술관 입구에서 다시 만나기로 약속하고 각자 속도에 맞게 관람을 했다. 나의 백팩은 미술관에 가지고 들어 갈 수가 없어 프론트에 맡기고, 미술관으로 들어갔다. 다행히 한국어 안내책자가 있었다. 국력이 좀 높아졌나? 친절하게 미술사적으로 중요한 작품도 소개되어 있었다. 안내책자를 보고 작품을 하나라도 놓칠까봐 볼펜으로 하나하나 체크하며 관람을 했다. 책에서만 보던 명화를 직접 보니, 묘사가 섬세하고 화사했다. 일러스트를 공부하기 전 유럽의 미술관을 먼저 방문했다면, 내 그림도 좀 더 좋아지지 않았을까. 직접 명화를 보니 평소에 관심이 없었던 프레스코화인 프라 안젤리코의 〈수태고지〉 눈에 들어왔다. 화집에서 볼 때는 누렇게 보이던 것이 화면 가득 황금빛으로 빛났다. 성령으로 잉태한 마리아에게 천사 가브리엘의 경건하면서 축복 가득한 말을 속삭이고 있는 것 같다.

어떤 작품은 스치듯 지나가고, 발길을 붙잡고 있는 작품은 앞에서도 보고 뒤에서도 바라보았다. 미술관에서는 그림을 모사하는 사람이 이젤을 세워 그림을 그리고 있었다. 우리는 인쇄된 작은 화집을 모사하며 공부했는데, 실사이즈 크기 앞에서 섬세한 붓 터치 하나하나를 보면서 공부할 수 있는 그들의 문화적 환경이 부러웠다. 그리고 그렇게 대중 속에서 아무렇지 않게 모사를 하고 있는 사람의 용기에 감탄했다. 몇 년을 그림을 그리며 살고 있지만 누가 내가 그림을 그리는 모습을 보여주는 것이 아직도 창피하고 쑥스럽다. 혹시 이 쑥스러움이 그림에 대한 열정이 작아서 그런 게 아닐까라는 생각도 들었다. 모사하는 모습을 뒤에서 살짝 지켜보았다. 그는 전혀 개의치 않고 자신의 작업에 몰두했다. 한 바퀴를 다 돌고 고야 작품을 한 번 더 둘러보았다. 고야 작품을 보고 있으면 우스꽝스러운 등장인물에 매료된다. 바보 같은 얼굴에 적나라하게 드러나는 인간의 욕망이 여과 없이 느껴진다. 평민뿐만 아니라 왕족의 모습도 그렇게 그린다. 나는 인간의 어떤 모습을 형상화해야 할까? 내가 자주 쓰는 귀찮다는 말을 사람의 얼굴 모습으로 드러내야 하나?

어느덧 약속 시간이 되어서 서둘러 나갔다. 소리아와 추야는 이미 나와서 햇살 아래 풀밭에서 나를 기다리고 있었다. 지친 다리를 풀밭에 앉아 쉬었다. 우리뿐만 아니라 다른 사람들도 군데군데 편안히 앉아서 햇빛을 받으며 쉬고 있었다.

다음날도 우리는 피카소의 〈게르니카〉가 있는 국립 소피아 왕비 예술 센터와 티센 미술관을 관람했다. 추야가 싸준 샌드위치와 과일을 챙겨서 밖으로 나왔다. 국립 소피아 왕비 예술 센터의 외관은 이름과 달리 굉장히 현대적인 건물이었다. 소피아 왕비라고 해서 고풍스러운 성을 개조한 미술관일줄 알았는데 외벽에 유리로 된 엘리베이터가 보이는 세련된 건물이었다. 이 미술관은 피카소의 유명한 작품인 〈게르니카〉가 있는 곳이다. 미술관 한 쪽 전체 벽면을 가득 찰만큼 매우 큰 작품이었다. 그 큰 규모에 압도당하면서 크게 그린 이유가 비극의 크기를 말하기 위한 작가의 의도일지도 모르겠다는 생각이 들었다.

우리는 센터를 나와 센터 앞에 있는 조그만 광장에 자리를 잡았다. 벤치에 앉아 싸온 점심을 먹었다. 광장에 날고 있는 비둘기들을 보면서 평화나 자연을 생각하기보다 푸드덕 날아오를 때마다 샌드위치에 먼지가 떨어질까 샌드위치를 두 손으로 감쌌다. 내 안에 동물을 사랑하는 동심은 어디로 갔는지, 삭막한 내가 그림을 그리고 사는 예술가가 맞나 싶기도 하다. 비둘기는 날아갈듯 날아가지 않고 우리 주위를 서성였다. 우리가 먹고 있는 빵부스러기를 기다리고 있는 것 같다. 빵을 조금 떼어서 비둘기들에게 주었더니, 날개를 가지고 있어도 날아오지 않고 달려오면서 빵을 먹었다. 비둘기들이 도시생활에 발맞춰 진화됐다.

티센 미술관에는 드가, 달리, 고흐 등 많은 작가들의 작품이 층층마다 전시되어 있고 내가 좋아하는 현대미술도 많았다. 시간이 늦어서 미처 다 보지 못하고 나왔다. 관리 직원이 곧 문을 닫을 시간이라면서 관람을 끝내고 나가라고 했다. 밖은 아직 환한데 벌써 닫나 싶어 속상했다. 나가는 순간까지도 하나라도 더 보려고 최대한 나중에 나가려고 했다. 너무 마지막에 나가면 미안하니까 끝에서 두 번째로 나가려고 계획했지만, 우리가 나왔는데도 어디선가 사람들이 계속 나왔다. 관람 순서를 바꿔서 이곳을 먼저 들렀으면 더 좋았을 뻔했다.

미술관 관람은 많이 힘든 일이다. 겉에서 보기에는 우아하게 서서 그림을 감상하는 쉬운 일 같이 느껴지지만 대리석 같이 딱딱한 재질 위에 서서, 압축적인 상징이 표

현된 시각적 이미지를 본다는 것은 많은 에너지를 요구
한다. 한국에서도 미술관을 가면 두 시간 이상 관람을 하
지 않는데, 어제도 오늘도 하루 종일 관람했다. 내가 봤던
명화의 잔상들이 모자이크를 이루며 주름진 뇌 속에 박
혀 영원히 기억됐으면 좋겠다.   —— 화란

프라도 미술관

티센 미술관에서 마크 로스코 그림과 만나다

마드리드 관광에서 미술관 관람은 필수코스라지만 안타깝게도 나는 미술에 대한 지식도 관심도 없었다. 오늘 둘러보기로 한 프라도 미술관이라는 이름도 사실은 추야를 통해 처음 들었다. 하지만 아름다운 것을 보는 것을 누가 마다할까. 티켓을 끊고 끝없이 이어진 긴 줄 뒤에 서서 입장할 차례를 기다리는데 소풍 온 어린이처럼 들떠서 두근거렸다.

이곳에는 하루 종일 돌아도 다 못 볼 정도의 많은 작품이 소장되어 있다고 하니 왠지 전투적인 태세로 입장하게 되더라. 그런데 시간을 다 채우지 못하고 밖으로 나와야 했다. 그림을 보았을 뿐인데 짧은 시간동안 한꺼번에 너무 많은 사람을 만나 너무 많은 이야기를 들은 기분이었다. 어지럽기도 하고 한쪽 머리가 지끈거려 밖으로 나왔다. 미술관 앞 잔디밭에 많은 사람들이 가방을 베고 눕거나 앉아 있었다. 나도 그 가운데 자리 잡았다. 햇볕이 잘 드는 곳은 벌써 누군가의 차지다. 샌드위치를 꺼내 먹는데 참새들이 다가 왔다. 이곳 참새들은 우리나라 참새보다 크기도 크고 대범하다. 반면 비둘기들은 우리나라 비둘기에 비하면 좀 작고 소심하다. 빵부스러기를 먹고자 달려든 비둘기를 참새가 쫓아내는 장면에 기가 차서 웃었다. 살아 움직이는 작은 것들을 보고 있으니 기분이 좀 낫다 싶었다. 아직도 미술관에서 봤던 그림 속 수많은 인물들의 눈빛과 몸짓, 화려하면서 동시

스페인 & 포르투갈에 춤추러 가자 ·

에 무거운 색깔들의 잔상이 머릿속에서 어지럽게 맴돈다. 그대로 잔디밭에 벌러덩 누워 추야와 화란이 오기를 기다렸다.

　다음날 간 곳은 레이나 소피아 미술관과 티센 미술관. 전날 너무 많이 걸었던 탓인지 허리가 시큰했다. 피카소의 게르니카를 직접 볼 수 있는 감동

\#　그림 앞에선 소리아

의 순간이었는데 몸이 아프니까 모든 게 시큰둥했다. 미술관 관람은 나에
겐 맞지 않는 일이구나 생각할 때였다. 여전히 머리도 지끈거리고 약간 어
지러웠다. 티센 미술관에 들어섰는데 하나의 그림이 시선을 잡아끌었다.
나도 모르게 그림 앞으로 가서 한참을 서 있었다. 복잡하던 머릿속이 개운
해지고 어디선가 시원한 바람이 불어오는 것도 같았다. 바깥의 시끄러운
소리와 어지러운 빛이 완벽히 차단된 심해에 빠졌다가 물 밖으로 머리를
막 꺼낸 기분이었다. 갑자기 들어오는 산소에 눈앞이 환해졌다. 그때 알았
다. 사람들이 왜 마크 로스코의 그림을 사랑하는지.

—— 소리아

\# 화란이 그림에 몰입할 때..추야가 빠져든 그림

마드리드 자유여행

마드리드의 셋째 날에는 각자 하고 싶은 여행을 했다. 난 마드리드 시내에 일러스트 박물관이 있어서 그곳을 방문하고 싶었다. 추야는 레알 마드리드 축구팀을 좋아해서 호날두가 나오는 축구 경기를 보러가고, 소리아는 숙소 근처에 있는 강변을 따라 느긋하게 산책을 하고 싶어 했다. 문제는 열쇠가 하나 밖에 없었다. 누가 집에 먼저 도착할지 알 수 가 없었는데 소리아가 4시까지 집에 도착해서 우리를 기다린다고 했다.

나는 지도와 여행책만 들고 일러스트 박물관을 찾아 나섰다. 숙소와 가까운 메트로 3호선을 타고 벤투라 로드리게스Ventura Rodriguez역에 내려 박물관까지 걸어 갔다. 같이 다닐 때도 좋지만, 혼자서 다니면 마음이 편했다. 길에서 헤매도 나 혼자만 헤매면 마음의 짐이 덜하다. 지하철에 내려서 지도를 펼쳤다. 몇 블럭에서 꺾어야 하는지 블럭을 하나하나 세면서 박물관으로 걸어갔다. 지도에는 박물관 이외에 별다른 표시가 없어서 내가 제대로 가고 있는지 아닌지도 잘 몰랐다. 주택가인 듯 조용한 골목이 이어졌다. 오고가는 사람들도 없어서 물어볼 수가 없었다. 여행지에서 목적지를 향해 길을 걷다보면 책에서 가르쳐준 길을 고집한다. 목적지에 도착해서 주변을 둘러보다보면 아까 잘못 들었던 길이 결국은 이곳으로 연결되어 있다.

삼거리에 〈뮤제 ABC 센터 Museo ABC〉라는 간판이 보였다. 빨간 벽돌에 하얀 창을 달고 있는 건물은 앤틱하면서도 한편으론 세련되어 보였다. 마드리드 맥주 공장을 재단장한 모습이라고 하지만, 아직 남아 있는 과거의 흔적을 보면서 이곳에서 만든 맥주를 맛보고 싶었다. 건물 코너를 돌아보니 철과 유리로 된 전혀 다른 이미지를 담고 있는 외관이 보였다. 그 아래를 지나 입구로 들어갔다. 메고 온 백팬을 프론트에 맡기고 관람을 시작했다. 운 좋게도 내가 좋아하는 그림책 작가의 원화 전시회가 열리고 있었다. 인쇄된 책에서는 보지 못한 섬세한 디테일 묘사를 보면서, 한층 더 깊어진 작가의 그림을 보고 그동안 나는 뭐하고 지냈나 싶다. 다양한 형태의 이미지 책들이 많았다. 훌륭하게 제본되어 조심스럽게 넘겨야할 것 같은 책부터 가볍게 한 번 읽고 버릴 수 있는 값싸 보이는 책도 있었다. 나는 이 가볍고 값싸 보이는 책이 더 매력적으로 다가왔다. 한국에 돌아가면 이런 형태의 책을 독립출판을 하고 싶다는 마음이 생겼다. 일러스트 전시실에 들어갔다. 많은 양의 그림이 전시되어 있다고 했는데, 기대만큼 많지는 않아 조금 실망했다. 전날에 둘러본 프라도 미술관의 후유증일지도 모르겠다.

전시실을 나와 마드리드 걸어 다니면서 관광을 했다. 돈키호테 동상이 있는 스페인 광장과 사바티나 정원을 지나쳐 왕궁에 도착했다. 처음엔 사바티나 정원이 왕궁의 입구인줄 알고 그 근처에서 매표소를 찾았다. 왕궁에 들어가기 위해 매표소를 찾는데 비눗방울을 만드는 아저씨가 보였다. 아이들은 비눗방울을 쫓아 다니며 터트리느라 정신이 없었다. 나는 비눗방울 속으로 들어가 그 비눗방울이 매표소 앞까지 데려다 줬으면 했다. 내가 섣부르게 목적지 근처라고 단정 지어 버린 걸까? 늘 목적지 근처에서 한참을 헤맨다. 매표소는 왕궁 철창문 옆에 붙어 있었다. 왕궁이 보이는 계단에 앉아 구경하는 사람들이 있는가 하면, 소수정예로 쉐그웨이를 타고 관광하는 사람도 있었다. 그 모습은 그라나다에서도 보았다. 사람들이 안내인을 따라 설명을 듣고 이동하는 모습이 편하게 보였다.

표를 끊고 왕궁 안으로 들어갔다. 왕궁의 중앙 계단을 걸어 올라가며 천장을 보니 나도 모르게 저절로 압도 됐다. 공간에 이미 위축된 상태에 왕을 만난다면 위축된 마음이 남아 왕에게 자연스럽게 압도되어 없던 존경심마저 생길 것 같다. 그래서 왕들이 그렇게 성을 커다랗게 짓고 화려하게 꾸미나 보다. 내가 사진을 찍을 수 있는 곳은 여기까지였다. 위층으로 올라가 여러 방들을 구경했는데 사진을 찍을 수 없는 곳이었다. 몰래몰래 찍으려고 해도 귀신같이 알아서 관리 직원에게 제지를 당했다. 사진으로 담을 수 없는 왕궁의 방들은 화려했다. 높은 천장에 달려있는 샹들리에와 화려한 벽면 장식과 그림, 가구들을 보고 있으니 프라도 미술관에서 본 그림들이 왜 그렇게 큰지 궁의 방을 보고 알았다. 넓은 방과 높은 천장에 큰 그림들이 어울렸다. 방마다 주제를 가지고 꾸며진 것을 보면 탄성이 절로 나왔다. 내가 이곳에 살았다면 너무 넓어서 좀 외로웠을 것 같다. 가끔 이상한 왕들이 출현한 것은 궁이 주는 공간의 압박 때문은 아니었을까?

　전시를 마치고 밖으로 나오니 비가 내리고 있었다. 궁 옆에 있는 무기 박물관에도 볼거리가 풍성했다. 이번에도 관람을 하다가 닫을 시간이 다 되었다고 해서 다 보지도 못하고 나왔다. 밖은 더 많은 비가 내렸다. 비가 그칠 때까지 데스크에서 팔고 있는 기념품들을 천천히 구경했다. 왕궁에 관한 사진집이 있어서, 살까하고 책을 들춰 보았는데 아까 본 궁의 모습을 백분의 일도 담고 있지 않아서 그만두었다. 비가 완전히 그치지는 않았지만, 맞을 만했다. 오가는 사람들도 우산을 쓰지 않고 그냥 걸어 다녀서 나도 걸어 다녔다. 여행하는 동안 경험한 남유럽의 날씨는 비가 오다가 금방 멎는 경우가 많았다.

솔 광장을 가는데 특이한 건물이 눈에 들어왔다. 사방이 유리벽으로 되어 있는데 과일이 예쁘게 쌓여있는 모습이 보였다. 궁금해서 그쪽으로 발길을 돌렸는데, 산 미구엘 시장이었다. 시장은 동네 슈퍼로도 충분해서 들를 생각이 없었는데 막상 들어가니 볼거리가 많았다. 규모가 많이 크지 않았지만 시장 전체가 맛있는 음식을 팔고 있어 유리 상자에 담긴 하나의 커다란 음식처럼 보였다. 출출해서 디저트용으로 엄청 단 쿠키를 서너 개 사먹었다. 싸온 점심을 먹지 않고 이곳에서 사먹었으면 더 좋았을 텐데. 역시 난 맛집과는 거리가 먼 사람이다.

쓰도록 달았던 빵!

숙소 근처 메트로 역에서 내릴 때는 빗방울이 굵어졌다. 숙소 달려갔다. 공동 현관문이 잠겨 있었다. 초인종을 눌러야 하는데, 아뿔싸 내가 머물고 있는 호수를 몰랐다. 용기를 내서 4층에 있는 호수 하나를 눌렀다. 대답이 없었다. 베란다 쪽으로 조용히 소리아를 불러 보았다. 아무 기척이 없었다. 다시 문으로 가서 벨을 누르려고 할 때 어디선가 나를 부르는 소리가 들렸다. 소리아가 베란다에서 나를 내려다보았다. 비 오는 날 밖에서 헤매지 않아서 다행이다. 얼마 안 있어서 추야도 돌아왔다. 추야는 오늘 경기에서 호날두가 리그 최다골 갱신을 한 것을 본 아주 운 좋은 날이라며 좋아했다. 의미 있는 듯 해보였지만(축구 문외한인 나는 처음에 추야가 호날두를 좋아한다고 할 때, 호나우딩요를 떠올려 미남을 좋아하는 추야의 축구선수 취향에 의아해 했다.) 큰 공감은 가지는 않았다.

마드리드에서 와서 계속 걸어 다닌 것 같다. 걷기를 좋아하긴 하지만, 도시를 걷는 것은 산을 걷는 것보다 힘들다. 내일 톨레도를 가야하는데 체력이 걱정이었다. 내일을 위해 홍삼을 꺼내 먹었다. 한국에서 짐의 양이 많아 삼일에 한 번씩 먹는 걸로 계산해서 10개 팩을 챙겨왔다. 비도 맞고, 피곤을 풀기 위해 저녁 일찍 샤워를 했다. 뜨거운 물은 봄비 맞은 새싹처럼 나에게 생기를 주었다. 이 생기가 내일까지 이어지기를 바랄 뿐이다. —— 화란

베르나베우로

스페인에서 프리메라리가를 구경 가는 건 필수 관광 코스. 1~2인자를 다투는 슈퍼스타가 있는 나라에 언제 또 오겠냐 싶어서 여행 일정이 잡히자마자 내가 제일 먼저한건 캄프누의 스케줄을 확인 하는 거였다. 다행히도 바르셀로나에 있는 동안 경기가 있었다! 신나는 마음으로 FC 바르셀로나 경기 티켓을 구매하려고 찾아봤다. 한국어 지원이 되는 티켓 사이트는 자리도 안 좋은데 가격도 더 비쌌다. 그래서 안 되는 영어로 FC 바르셀로나 사이트에서 버벅버벅 구매했다. 40유로 대에 축구장 맨 앞자리를 구매했다. 맨 앞자리를 이렇게 싸게 사다니! 하면서 엄청나게 좋아했었는데 이게 진짜 [축알못]이었다는 걸 캄프누에 가서 알게 되었는데…. 이건 나중 이야기.

하여간 설레는 마음으로 티켓을 프린트해서 짐 쌀 때 여권 옆에 곱게 모셔 놨는데. 여행 시작하자마자 비보가 들려왔다. 메시가 부상으로 몇 달간 출장을 못한다는 소식. 가는 날이 장날이라고, '이렇게 힘들게 갔는데 메시를 못 보는 거야?' 도저히 억울해서 안 되겠다는 맘에 마드리드 계획을 하루 취소하고 레알 마드리드의 경기를 보겠다고 결심했다. 그리고 결제를 하려하는데, 이곳에서는 내 카드가 결제가 안 되는 거였다. 이 사태를 어떻게 해결해야 하나. 이렇게 허무하게 기회를 날릴 순 없었다. 한국에 있는 언니에게 도움을 구했다. 사이좋은 우리 언니는 욕부터 했지만 그래도 욕하면서 다 해주는 우리 언니답게 내 카드번호로 그곳에서 결제를 해줬고, 난 무사히 베르나베우에서 열린 레알마드리드 대 레반테의 경기를 보게 됐다. 티켓 값이 너무 비싸다며 축구 관람은 포기하겠다고 하고 다른 곳으로 관광 가는 친구들을 배웅하고 오후에 있는 경기를 기다리며 밀린 작업과 휴식을 했다.

두근거리는 마음으로 지하철역에 가서 몇 번이나 제대로 탔나 확인하면서 갔다. 환승도 해야 해서 약간 겁먹었었는데 환승역에 도착하니까 못 찾아갈 걱정은 없어졌다. 레알 마드리드 레플리카를 입은 축덕들이 우르르 몰려서 지나가는 게 보였다. 난 속으로 쾌재를 외치며 그들을 따라 무사히 베르나베우에 도착했다. 우리나라에서도 몇 번 못 가본 축구장인데 스페인에서 오니 감회가 엄청 새로워서 셀카를 잔뜩 찍고 심심하니까 SNS에 자랑질을 올려놨다. SNS의 남성 친구들의 좋아요 수가 쭉쭉 올라감을 느끼고 혼자 뿌듯해 하고 있었다. 그래. 자랑질도 가끔 해줘야 제 맛이지.

자리를 찾아 앉으니 옆자리는 일본에서 온 여행객 세 명이 앉아있었다. '오, 이 먼나라에서 연속 자리에 동북아시아인들이 앉다니. 신기한 일이군. 주변에 아시안도 별로 없는데. 다른 사람들이 보면 일행인줄 아는 거 아니야?'라고 속으로 생각하고 있었는데, 어떤 일행 네댓 명이 몰려와서 내가 앉은 곳이 자기네들 자리라고 말했다. 난 "아니다. 내 자리 맞다." 짧은 영어로 이야기 하고 있었는데, 역시나 새로 온 무리들은 옆의 일본인들과 내가 일행인줄 알고 나에게 말을 건 것.

그녀들이 자릴 잘못 찾아 앉은 상황이었다. 자리를 찾아온 남자 무리들은 예의 바르게 그녀들에게 이쪽은 우리의 자리고 저쪽이 너네의 자리다. 라고 설명하고 있었고. 난 그냥 자리에 뻘쭘하게 앉아있었다.

근데 그녀들은 좀 무례했다. 자신들이 잘못 자리를 잡아서 원래 주인이 자기의 자리를 기다리고 있는데 나간다고 대답하더니 셀카를 찍고 있던 것. 나는 좀 황당했다. 사진을 다 찍고 원래 그녀들의 자리로 갔을 때(5칸 아래쪽쯤) 마침 호날두의 골이 들어갔다. 호날두의 골이 들어가니까 축포가 터지고 경기장에 축하의 카드섹션이 있었다. 난 일어나서 박수치

다가 그쪽 일이 눈에 들어왔다. 근데 가다가 또 다른 사람들의 길을 막고 셀카를 찍는 것이었다. 자리를 찾던 사람들은 말을 못 걸고(외국인이니까) 계속 기다리는데 경기장을 배경으로 계속 셀카를 찍고 있었다. '와 무례하다.'라는 생각을 하고 있을 때, 원래 자리 주인 중 한 남자가 나에게 물었다.

"너의 친구들 아니야? 같이 안가?"
"아니야. 그녀들은 일본인이고. 난 코리안이야."

경기 중반쯤 호날두가 또 골을 넣었다. 면봉만한 크기였지만 호날두 특유의 호우!하는 자세는 확실하게 보였다. 그날은 호날두가 라울이 세운 레알 마드리드 최다 골을 갱신한 날이었다. 하프타임에 호날두에게 접시 모양 트로피를 주는 세리모니도 봤다. 운이 좋은 날이었다. 경기가 이겨서 모든 팬들은 즐거워보였다. 그 즐거운 공기 속에 있는 게 즐거웠다. 난 어차피 사람 많으니까 천천히 나가야지 하고 앉아있는데 정말 훈훈한 젊은이들이 계속 내려왔다. 이제껏 못 본 미남들 이제부터 보는 건가. 훈훈한 전 세계 축덕들이 소리 지르고 맥주를 마시면서 계속 내 앞을 지나갔다. 난 나도 모르게 엄마 미소를 지으며 훈남들을 구경하고 있는데. 그 훈남 중한 명이 나랑 눈이 마주치자

"우리 맥주 마시러 갈 건데 함께 갈래?"라고 영어로 물어왔다.

"미안. 난 영어를 못해."

연애세포 말라붙은 철벽녀다운 내 대답에 그는 어깨를 으쓱하더니 친구들과 왁자지껄 떠나갔다. 슬슬 사람이 빠져서 밀리지 않고 나갈 수 있을 때쯤 경기장을 나가니 비가 쏟아지기 시작했다. 경기 때 오다가 말다 하더니 지금은 꽤나 쏟아지는 수준. 나는 비를 피하기 위해 아무 카페에 들어가서 앉았다. 친절한 점원이 추천해준 메뉴를 시켰다. 그 가게의 시그니쳐 커피라고 했다. 녹인 초콜릿이 잔뜩 들어있고 휘핑이 가득 올라간 커피가 나왔다. 커피는 너무나 맛있었고 실내도 아름다워서 비가 그치고 나서도 한참을 앉아 있었다.

—— 추야

마드리드 리오의 일요일

추야가 레알 마드리드의 축구 경기에 가고 싶다고 했으나 화란과 나는 축구에 관심이 없었기 때문에 오늘은 각자 하고 싶은 것을 하며 시간을 보내기로 했다. 화란은 일찌감치 나가고 추야는 컴퓨터를 켜고 축구 시작할 시간까지 일을 한다 했다. 나는 숙소에 남아 마음껏 게으름을 피우고 있었다. 누가 그랬더라, 여행지에서 최고의 사치는 게으름이라고. 그렇게 한없이 사치를 부리다가 그래도 햇볕은 쬐고 싶어 열쇠를 챙겨들고 밖으로 나왔다. 특별히 하고 싶은 것은 없었으나 오늘만큼은 절대 하기 싫은 것은 있었다. 차를 타는 것과 헤매는 것. 지도를 훑어보니 강을 따라 걷는 것도 나쁘지 않겠다 싶었다. 다리 밑으로 내려가 강을 따라 조성된 산책로를 걸었다. 강가 옆 공원에는 일요일 오후를 즐기는 많은 사람들이 있었다. 철봉을 두고 무언가 열심히 연습하는 무리가 보였고 강아지와 함께 산책 나온 사람들도 많았다. 널찍한 공원과 작은 놀이터가 번갈아 나타난다. 가벼운 가방을 메고 보드를 타고 있는 어른들을 지나 타이어를 가지고 놀고 있는 아이들을 만났다. 그때 갑자기 비가 쏟아져 잠시 다리 밑에서 비를 피했는데 아이들은 아랑곳 않고 놀고 있었다. 비가 오니 그만 들어오라고 말릴 법도 한데 부모님들은 한 발짝 떨어져 아이들을 지켜보고만 있었다. 아이가 놀다 지쳤는지 부모님에게로 오자 그제야 수건으로 머리를 닦아 주고 집으로 돌아간다. 보기 좋았고 한편으로 부러웠다. 자유로우면서도 혼자가 아닌 기분이란 저런 것이겠구나. 든든한 보호 아래 맘껏 뛰어 놀았던 어린 시절의 한때가 그리워지기도 했다. 비가 점점 세차게 내렸고 놀이터에서 놀고 있던 아이들과 함께 있던 어른들이 모두 떠났다. 텅 빈 놀이터에 혼자 남았다. 어쩐지 쓸쓸한 느낌이 들려던 찰라 가방에 작은 우산이 들어 있었다는 걸 깨닫고 꺼내 썼다. 이어폰을 꽂고 플레이어의 볼륨을 올리고 다시 걷기 시작했다. 저장용량을 줄이려고 폰에 담긴 음악을 다 지우고 왔기 때문에 내 폰에는 딱 한 곡의 노래 밖에 없었다. 패닉의 정류장. 한곡을 무한 반복하며 따라 부르며 걷고 또 걸었다. 청승도 이런 청승이 없을 거다. 자전거를 타고 지나가는 사람이 흘끗 나를 본 것도 같다.

돌아가는 길에 숙소 바로 옆에 있는 마타데로 마드리드Matadero de Madrid 부지에 에 들렀다. 도축장을 개조해 만든 복합문화공간이라는데 옛 모습이 살아 있어 아름답기도 하고 넓은 부지 곳곳에서 예술 전시 행사가 열리고 있어. 이것저것 구경할 것들이 많다. 젊은이들이 둘러 앉아 책을 읽거나 공연 연습하는 모습도 볼 수 있었다. 건물 곳곳을 둘러보는데 드레스를 차려입은 사람들이 창이 넓은 건물로 들어가는 것이 보였다. 문이 열릴 때마다 음악소리가 새어 나왔다. 뭐 하는 곳일까. 창문을 통해 안을 들여다보니, 천장에는 색색의 삼각형 모양의 종이를 연결한 가랜드가 장식되어 있고 아래는 백발의 할머니 할아버지들이 들썩이며 움직이는 것이 보인다. 일요일의 댄스파티가 열리고 있는 것이다. 들어가 볼까 하다가 용기가 나지 않아 그냥 돌아섰다. 그래도 왠지 모르게 흐뭇했다. 나도 할머니 할아버지가 되어서도 일요일이면 가장 예쁘고 깔끔한 옷으로 갈아입고 댄스파티에 갈 수 있다면 좋겠다고 생각했다. 생각만으로도 즐거웠다. 어느새 비가 그치고 하늘에 노을빛이 들었다. 강을 따라 걸었을 뿐인데 유년기부터

노년기까지 어떻게 살면 좋을까 생각해 보는 여행을 한 것 같았다. 추야와
화란이 돌아올 시간이 되었다. 빨리 가서 그들에게 오늘 본 것을 이야기해
주고 싶다. 발걸음이 빨라졌다.

마드리드   # 숙소 근처   # 매일 지나던 마드리드 리오

마드리드 스윙 클럽 체험

스윙댄스가 추고 싶다!

춤에도 금단 증상이 있다. 일주일에 한 두 번은 춤추러 가던 우리였는데 춤 춘지 2주가 넘어가니 온몸이 근질근질했다.

"마드리드에 가게 되면 꼭 출빠[1]를 하자!"

추야가 노트북을 열어 마드리드 스윙신 정보를 검색했고 수요일에 춤추러 갈 수 있는 장소를 찾아냈다. 스윙화를 챙기고 추야의 지도(?!)하에 드레스업과 메이크업을 한 후 춤추는 곳을 찾아갔다. 구글 지도가 알려주는 대로 지하철을 타고 골목 사이로 들어가 춤추는 장소를 찾아냈다. 늦은 저녁 시간이라 어두운 골목에 유일하게 밝게 빛나는 건물이었다. 설레는 마음으로 안으로 들어갔다. 깔끔한 로비가 댄스 스튜디오 연습실 같다는 인상을 주었다. 주뼛거리며 블루스를 추러 왔다고 하니 안으로 안내한다. 조

---

1. 出Bar 춤을 추기 위해 바로 나간다. 스윙댄서들이 주로 사용하는 은어.

금 전 댄스 강습이 끝난 모양이다. 사람이 많지는 않았고 다들 편안한 복장이었다. 한껏 멋을 내며 등장한 우리에게 시선이 집중되는 느낌이었다. 그들이 춤추는 모습을 지켜보다가 용기를 내서 한 사람에게 춤을 신청했다. 낯선 곳에서 이제 처음 보는 사람과의 첫 춤이다. 때로 춤은 경계 없이 통용되는 언어 같다. 대화를 시작하는 것처럼 나와 춤을 추고 있는 상대방은 이 음악에 대해 어떤 생각을 가지고 어떻게 표현하는지 최대한 집중해 들었다. 전문가처럼 유려한 테크닉으로 춤을 추는 것은 아니었지만 함께 음악을 듣고 있다는 느낌은 확실했다. 이곳에 있는 모두가 그랬다. 자기가 듣는 음악을 손과 발의 움직임으로 분명하게 이야기해주고 있었고 내가 듣는 음악을 인정해줬다. 서울에서 그냥 제 흥에 빠져 출 때와는 완전히 다른 느낌이었는데 그것은 아마 말이 통하지 않기 때문에 더 가능한 일이었던 것 같다. 우리는 서로 한국어와 스페인어로 대화할 수는 없어도 함께 음악을 듣고 함께 움직일 수 있었다. 마치 말이 잘 통하는 친구와 즐거운 대화를 나누는 것처럼.

마드리드에서의 첫 소셜댄스는 금방 끝났다. 평일이라 사람이 많지 않고 다들 일찍 집으로 돌아가더라. 자정이 다 되어가도록 춤을 추는 것에 익숙해서 느긋하게 왔던 우리는 조금 아쉬웠다. 한 사람이 다가와서 오늘은 평일이라 그렇지 주말엔 발 디딜 틈 없이 사람들로 꽉 찬다고 말해준다. 주말까지 있을 수 없어 아쉽다고 했더니 내일도 춤출 수 있는 다른 커뮤니티가 있다며 주소를 적어줬다.

집으로 돌아오는 길에 인도 음식을 파는 노천 식당에 들렀다. 식사를 하려던 계획이 있었던 건 아니지만 한 잔 하고 가라는 식당 점원의 호객행위에 끌려 그대로 자리에 앉았다. 늦은 시각 노천 식당에서 목을 축이며 왁자하게 대화하고 있는 젊은이들 무리에 끼어 보고 싶기도 했고 낯선 곳에서 출빠 후 뒤풀이 하는 경험을 해보고 싶기도 했다. 춤추고 난 뒤라 배가 고팠던 탓일까. 아니면 인도 음식이라는 게 사실 원래 이렇게 맛있는 것인가. 향신료를 아낌없이 사용한 시금치 커리의 고소한 맛이 기억에 남아 이후 내가 가장 좋아하는 음식은 시금치 커리가 되었다.

다음날, 이번엔 늦지 않기 위해 서둘러 출발했다. 음악클럽이 모여 있는 거리였는데 입구의 커다란 문 앞에 험악한 인상의 남자가 앉아 있었다. 스윙댄스를 추러 왔다고 하니 입장료를 받고 우리를 들여보낸다. 실내는 어두웠고 넓은 홀은 텅 비어있었다. 미디엄 템포의 음악에 맞춰 푸르스름한 야광등만 춤추듯 흔들리고 있었다. 한기가 들면서 조금 무서운 기분마저 들어 서둘러 밖으로 나왔다. 입구에서 입장료를 받았던 사내가 의아한 듯 우리를 쳐다본다. 아무도 없어서 나왔다고 했더니 곧 사람들이 오기 시작할 거라고 잠시 뒤 다시 들어오라고 한다. 일단 나왔지만 마땅히 갈 곳은 없어서 클럽 앞을 서성였다.

"앗! 저 애들도 춤추러 온 거 아닐까?"

청바지에 케즈를 신은 젊은이들이었다. 예상대로 그들은 우리가 나왔던 클럽으로 들어갔다. 린디하퍼는 린디하퍼를 알아본다. 그리고 보니 맞은 편 바에서 한잔 하고 있는 사람들도 춤추러 가기 전 시간을 보내고 있는 것처럼 보였다. 다시 용기를 내어 클럽으로 들어갔다. 클럽 안의 조명은 좀 더 화려해졌고 플로어 가운데에서 멋지게 춤추고 있는 커플이 보였다. 제대로 찾아왔군, 안심하고 바 한쪽에 가방을 내려놓고 겉옷을 벗어 걸었다. 누군가 다가와 춤을 신청해줬다. 세계 어디든 스윙댄스를 추는 곳에 가서 한국에서 왔다고 하면 다들 고수의 나라에서 온 것으로 생각한다. 그리고 정말 서울에선 매일 백여 명의 사람들과 춤을 출 수 있는지 묻는다. 그렇다고 대답할 때마다 어깨가 으쓱해진다. 한국의 린디합 댄서라는 게 자랑스러워지는 순간이다. 이곳은 사람은 많지 않았지만 발보아, 린디홉, 블루스를 출 수 있는 다양한 음악이 적절하게 나와서 재밌게 춤출 수 있었다.

집에 가기 위해 다시 가방을 챙겼다. 여러 사람의 짐과 옷이 그곳에 놓여 있었다. 순간 이렇게 안심하고 짐을 내려놓을 수 있다는 것이 새삼스럽게 여겨졌다. 스페인, 특히 마드리드는 소매치기가 많으니 주의하라는 이야기를 여러 차례 들었다. 마드리드에서 휴대폰이나 지갑을 도난당했다는 지인들의 증언 덕에 마드리드에 오면서부터 바짝 긴장하고 있었던 터였다. 그런데 이곳에서 만큼은 소지품이 든 가방을 내려놓고 맘껏 즐길 수 있다. 이 낯선 나라에 안심하고 믿을 수 있는 공간이 있다는 것이 새삼 고맙게 여겨졌다. 춤추길 참 잘했다.
—— 소리아

마드리드에서 춤추기

사람은 하던 것을 할 때 제일 자연스러운 법. 한국서도 안 한 클러빙을 스페인 와서 급작스럽게 하는 건 우리에겐 무리 였다. 난 마드리드에 있다는 7층짜리 클럽에 가보고 싶었지 만 갈 수 있는 날에 또 비가 쏟아졌다. 우린 클러빙 할 운이 없 는 인간들인 듯. 그에 비해 스윙댄스나 블루스는 7년간 해온 취미니 마치 밥을 먹는 것처럼 자연스러운 일이었다.

우리는 설렜다. 스윙을 출 수 있는 바Bar가 마드리드에는 있 었기 때문에. SNS에서 스케줄을 보니 우리가 도착한 날에는 블루스 소셜이 있는 날이었다. 우린 메신저로 여행자인데 오 늘 소셜에 참석해도 되냐고 물어봤다. 당연히 참석해도 된다 는 답신을 받고 브라보를 외치며 또 화려하게 꾸미고 밤의 마 드리드를 활보했다. 수도라 밤 문화를 좀 기대했는데 열려있 는 곳이 많지는 않았다. 몇몇 군데에만 사람들이 좀 있고 거 리에 사람이 적었다. 헤메서 도착한 건물에 유일하게 불 켜 진 바의 불빛이 우릴 설레게 했지만, 사람이 10명도 없어서 우린 몇 곡 추다 집에 돌아올 수밖에 없었다.

하지만 프랑스에서 온 팔로워 한명이 우리를 보고 친절하 게 다음날에는 더 많은 사람들과 춤 출 수 있으니까 이쪽으 로 오라고 주소를 알려줬다. 우리가 만난 사람만 그런 건지는 모르겠는데 스페인 사람은 확실히 낯을 가린다. 춤을 추러 가서 우리에게 말을 거는 사람들은 거의 스페인사람이 아닌 외국 사람들. 다음날 바에 갔을 때도 우리에게 말을 걸어준 건 어제 대화했던 프랑스 팔로워 뿐이었다. 폐쇄적 문화가 있는 건지 단지 낯선 사람이라 어색했던 것인가 잘 모르겠다. 외부 사람을 싫어하는 건 아닐까 하는 쭈그러진 생각도 잠시 해봤다. 스페인어를 공부해 왔으면 대화를 먼저 시작 할 수 있었을까 하는 아쉬움이 남는다. 낯선 곳에서 춤빠를 했을 때 친절하게 말 걸어 주는 게 얼마나 고마운지 느꼈기 때문에 우리나라의 바에서 외국인이 오면 꼭 말을 걸겠다고 생각했다. 근데 아직도 영어를 못해서 눈 마주치면 어색하게 웃고 있을 뿐.

—— 추야

스페인 마드리드에서 맛본 인도 요리. 너무 맛있어서 다음날 또 찾아갔다.

아름다운 돌의 도시

[TOLEDO]

톨 ◆ 레 ◆ 도

톨 레 도

아름다운 돌의 도시

돌의 아름다움

내가 톨레도를 가고 싶다고 했다. 조금씩 헤매기도 했
지만, 첫날 왔을 때만큼 불안하지는 않았다. 하도 많이 헤
매니까 이제 그런가보다 한다. 처음 보이는 수퍼로 들어
가 에너지 드링크를 사서 마셨다. 로켓트 모양의 패키지
처럼 나도 힘차게 힘이 솟았으면 좋겠다.

\# 힘이여 솟아랏!

톨레도를 둘러싸고 있는 높은 성벽이 보였다. 도시 전체가 돌로 이루어졌는데, 그 돌을 이용한 외벽의 아름다움이 인상 깊었다. 그 옛날 여러 가지 모양의 돌을 이용해서 다양한 디자인을 가지고 있는 외벽을 꾸몄다니 사람의 미적 아름다움의 추구는 시대에 구분이 없다. 문을 들어서니 시대를 거슬러 중세로 온 기분이다. 골목에서 중세의 기사가 말을 타고 등장할 것 같다. 지대가 높아서인지 오르막길을 조금만 걸어가도 황량한 주변의 풍경이 한 눈에 들어왔다. 처음 남유럽이라고 해서 꽃과 나무가 끝도 없이 풍성한 푸르른 아름다운 자연을 상상했는데, 생각보다 황량해서 조금 놀랐다. 내가 10월에 와서 그런 건지 아니면 원래 황량한 건지 알 수가 없다.

톨레도를 도는 빨간 꼬마열차가 있었지만, 우리는 전망대를 향해서 천천히 걸어갔다. 기념품 가게에 유난히 갑옷과 칼을 파는 상점이 많았다. 나중에 찾아보니 이곳에 군수학교와 군수공장이 많았다고 한다. 판타지를 좋아하는 추야는 칼을 하나 사고 싶어 했다. 한참을 고민하다가 여행 끝까지 들고 다닐 자신이 없다며 사지는 않았다. 아침부터 날이 흐리더니 빗방울이 떨어졌다. 준비해 온 우비를 꺼내 입고 처마가 있는 건물 앞에 잠시 몸을 피했다. 많은 비가 내리지는 않았지만, 기온이 점점 떨어졌다. 스페인은 10월도 따뜻하다는 말에 반팔 티를 준비하고 가볍게 걸칠 외투 두 개만 들고 왔는데, 여행 내내 쌀쌀해서 여름옷은 입지도 못하고 한두 벌 밖에 없는 긴팔 옷만 입고 다녔다. 이런 나를 보고 추야는 더럽다고 놀려댔지만, 할 수 없었다. 추운 것보다 더러운게 낫다. 비는 그쳐도 우비를 쉽게 벗지 않고, 몸이 훈훈할 때까지 더 입고 돌아다녔다. 비뿐만 아니라 보온효과를 낼 수 있는 우비의 일석이조 기능이다.

유럽의 어느 도시를 가든 가장 멋있고 화려한 건물은 대성당이다. 마침 일요일이라 미사를 보고 있었다. 한국에서도 이런 곳에서 미사를 본다면, 없던 신앙심도 만들어 독실한 카톨릭 신자가 되고 싶다. 돌에 새겨진 섬세한 부조와 조각을 보면 대성당 자체가 예술이다. 유럽을 돌아다니며 느낀건데 도시마다 세워진 대성당들을 보면 서양의 기독교 중심 사상이 얼마나 깊은지 새삼스럽게 깨닫게 된다. 나는 유럽에 기독교 사상이 기본으로 깔려 있다는 걸 상식적인 수준에서만 알고 있다. 막연히 알고 있는 상식을 가지고 직접 이곳에서 성당과 회화 조각 작품들을 볼 때면 하나님에 대한 찬양과 경외심이 내가 알고 느끼는 그 이상의 이상이란 걸 깨닫게 된다. 작은 돌 하나에 느껴지는 그 디테일을 보고 있으면 노동 이상의 진심이 느껴진다. 어떤 사람은 그렇게 작업할 수 있는 게 현대만큼 놀거리가 풍부하지 않아, 작업에 더 집중한 결과라고 말하기도 했지만 말이다.

톨레도가 마드리드 마지막 일정이고, 다음날 바르셀로나에 이동할 때 짐을 줄이기 위해 수퍼에서 사둔 음식을 다 먹었다. 웬만하면 점심은 샌드위치를 만들어 먹었는데 오늘은 가지고 오지 않았다. 우리는 몇 번의 맛집 찾기 투어의 실패를 통해 맛집을 찾지 않고, 맛있어 보이는 식당을 찾았다. 처음 찾은 식당은 노천 식당이었다. 비도 그치고 해서 노천에서 식사를 하려고 식당 안에 들어가 분위기를 살펴보았다. 식당에 맛있는 향이 배어 있지 않아 그냥 나왔다. 배는 고프고 식당은 눈에 잘 띄지 않았다. 그 많던 간식을 파는 곳도 눈에 띄지 않고 골목만 이어졌다. 그때 멀리서 아기자기한 식당이 눈에 들어왔다. 이번에는 그냥 들어가서 먹자고 합의를 하고 식당 문을 열고 들어갔다. 자리를 잡고 메뉴를 들여다보니 생각보다 너무 비쌌다. 우리의 마음을 알았는지 지배인이 셋이 먹기에 적당한 메뉴를 추천해줬다. 한국에서 왔냐면서 자기도 한국에서 몇 년 동안 일을 했다며 간단한 한국말로 우리를 반겼다. 식사를 찾는 동안 가지고 온 책을 들여다보다가 익숙한 사진에 눈길이 갔다. 60년 전통의 〈카사 아우렐리오 Casa Aurelio〉라는 식당 소개가 나왔는데, 바로 우리가 앉아 있는 식당이었다. 맛집 찾기를 포기한 우리에게 맛집이 다가왔다. 가지고 온 음식은 우리 입맛에 조금 짜긴 했지만, 맛있었다. 게다가 친절한 지배인 아저씨의 서비스로 더 즐거운 점심시간을 보냈다. 작은 친절에 그 나라가 좋아지고, 작은 불친절에 그 나라가 싫어진다.

마음 같아서는 톨레도 성벽을 따라 걸어 다니고 싶었지만, 그럴 수 없었다. 전망대까지 가려고 했지만, 버스 시간에 늦을 것 같아, 발길이 닿는 대로 오르막길을 따라 올라가다가, 시간에 맞춰 버스 터미널로 갔다. 터미널에 도착해보니 시간이 좀 남았다. 나는 표 파는 곳에서 영어로 단 세 마디만 했다. 직원이 영어로 뭘 물어볼까봐 살짝 쫄았다.

"Madrid. Tres. How much?"

직원은 무뚝뚝한 표정으로 말없이, 티켓을 건네주었다. 옆에서 이런 나를 지켜본 소리아와 추야는 직원이 말 잘못하면 한 대 칠 것 같은 카리스마 있는 표정이라고 했다. 내 마음이 전달되지 않아 다행이다.　──── 화란

#　이젠 지쳐서 카메라 앞에서 웃을 힘도 없다

맛집 지도를 던져 버리니 맛집이 나타났다

여행하는 동안 우리에게 징크스가 생겼다. 여행책자에서 맛집 정보를 찾아가려고만 하면 꼭 근처에서 헤매게 된 다는 것, 이런 징크스가 몇 번 반복되자 식사시간을 맞추지 못해 화란이 짐승으로 변하는 날이 많아지고 헤매는 것에 지쳐가고 있었기 때문에 이제 맛집 지도 따위는 던져버리기로 했다. 톨레도에서 먹는 점심도 지도 대신 본능으로 찾아가기로 했다. 인터넷이나 책에 소개된 집이 아니라도 맛있을 것 같은 촉이 온다면 들어가기로 한 것이다. 그렇게 해서 들어간 집은 조용하고 사람도 없어 처음엔 적잖이 당황했다. 너무 비싼 곳은 아닐까 메뉴판은 제대로 볼 수 있을까 우리끼리 이야기하는데 마침 다가온 웨이터가 한국말로 말을 건넨다. 오래전 한국의 레스토랑에서 지배인으로 일했었다고 한다. 너무 오래 한국어를 쓰지 않아 거의 잊어 버렸지만 그래도 아직 대강 알아들을 수는 있다고, 그의 추천대로 애피타이저와 메인메뉴를 주문했다. 모두 입맛에 딱 맞았다. 그런데 여행책자를 읽던 화란이 소리를 지른다! 여기 책자에 소개된 곳이야! 우리가 여기를 가자고 찾아 나섰으면 분명 헤맸을 텐데 그냥 들어온 곳이 마침 맛집이다. 신기해서 웨이터 아저씨에게도 책을 보여 줬다. 그는 이미 알고 있다는 듯 태연했다. 진짜 한국인이 많이 오는 맛집이었던 것이다.

—— 소리아

드디어 Drag The Blues에!

[BARCELONA]
바 ◆ 르 ◆ 셀 ◆ 로 ◆ 나

바 르 셀 로 나

드디어 Drag The Blues에!

바르셀로나에 도착하다

마드리드에서 바르셀로나로 오는 길도 우린 버스를 탔다. 6~7시간 정도 걸리는 길에 난 또 신나게 잠을 잤다. 스페인이 올리브유 수출 1위라 했던 말은 거짓말이 아니었다. 자다 깨도 올리브 밭, 또 자다 깨도 올리브밭…. 새벽 6시 차를 타고 출발해서 1시경 도착하는 버스였는데 중간에 한 번도 서지 않는 게 신기했다.(화장실은 버스 안에 있다) 근데 12시쯤 안됐을 때 우리가 탄 버스가 휴게소에 들어갔다. 버스 안에는 어디까지 달리고 있는지 보여주는 GPS 영상 지도가 모니터에 띄워져있었는데 바르셀로나에서 멀지 않은 곳에 굳이 왜 쉬러 들어왔을까 생각했다. 가까우니까 빨리 출발하는 거 아냐?라는 걱정에 우린 버스에서 내리지 않고 앉아있었는데 버스기사가 내리더니 휴게소에서 음식을 주문해서 점심식사를 하는 것이 아닌가?

"아…."

"지금 점심시간이지 참…."

기사아저씨는 천천히 우아하게 런치타임을 즐기고 계셨다. 우린 내려서 밥을 먹을까 하다가 바르셀로나에서 먹자고 이야기를 나누고 초콜릿과 물만 사가지고 버스 앞에서 스트레칭을 했다. 사실 우릴 두고 갈까봐 무서워서 멀리는 못 갔다. 40분쯤 휴게소에서 쉬고 한 시간 좀 못 되게 달리니 바르셀로나에 도착했다. 우리가 바르셀로나에 와서 처음 밥을 먹은 곳은 빠스 앤 컴퍼니Pans & company라는 샌드위치 가게였다. 이곳에 들어온 이유는 단하나 이름이 빠스여서였다.

"깔깔깔 가게 이름이 빠스야!"

그런데 막상 들어가서 먹은 샌드위치는 진짜 맛있었다.

가게 이름이 웃겨서 들어간 가게가 하나 더 있었는데 그라나다에 있는 샤왈마 킹Shawarma King이라는 케밥 가게였다.

"깔깔깔 버거킹 아니고 샤왈마 킹이야! 스페인에도 짝
퉁이 있네!"

여기도 진짜 맛있어서 한 개 먹고 한 개 포장해서 집에 들어갔더랬다.

빠스는 흔히 발견할 수 있는 샌드위치 프랜차이즈라 바르셀로나에 있는 내내 자주 이용했다. 빠스, 지금 글로만 써도 웃긴 건 내가 성격이 이상해서일까.

스페인 & 포르투갈에 춤추러 가자

바르셀로나에서 현금인출기 찾기

바르셀로나에서 해결해야 할 한 가지 미션이 있었다. 우린 분실의 위험을 줄이기 위해 여행 경비의 절반은 유로로 들고 오고 나머지 절반은 한 통장에 입금 해 놨었다. 전부 잃어버리는 것 보다야 조금 잃어버리는 게 낫다는 생각에. 하지만 오래 바깥에 안 다닐뿐더러 다인실에 묵지도 않았더니 위험을 겪었던 적이 단 한 번도 없었다. 겪은 일 중 제일 위험했던 건 로시우 역에서 트램 기다리던 중 한 로마니가 내 가방을 열다 나와 눈이 마주쳐 미수로 그친 소매치기 한 번뿐이었으니까.

우린 블로그를 보고 수수료가 제일 적다는 은행에 가서 돈을 찾으려 했다. 그래서 에스파냐 광장까지 지하철을 타고 나가서 구글 맵에서 건물을 찾아냈는데 건물을 두어 바퀴 뺑뺑 돌았는데 아무리 찾아도 그 은행이 없었다. 우린 엄청나게 당황했다. 어쩌나 어쩌나 하다가 느려터진 핸드폰 인터넷으로 겨우 겨우 검색해 보니 그 은행 자체가 다른 은행과 합병 됐던 것. 아무 은행에서나 다 똑같은 방법으로 돈을 인출 할 수 있다는 사실도 겨우 검색해서 알게 되었다. 그나마 수수료가 제일 덜 붙는다는 은행을 검색해 보니 바로 숙소 앞에 그 은행이 있었더랬다. 거짓말 안보태고 문 밖에 바로 있었다. 우리는 허망함을 가슴에 품고 돈을 뽑았다. 사실 수수료가 상당히 붙기 때문에 안전을 위해서라는 이유가 아니면 비추하는 방법이긴 하다. 아 근데 우린 여행 전에 환전할 때보다 유로화가 확 떨어져서 손해는 안 봤다. 다행히도.

바르셀로나에 슬슬 익숙해질 무렵 어느 날이었다. 숙소에서 휴식을 취하면서 내일 이동할 곳 길을 찾기 위해 컴퓨터를 켰다. 메일이 한통 날아와 있었다. 마드리드의 에어비앤비 숙소 주인 애너벨이 보낸 메일이었다. 무슨 일이지? 하고 열어봤는데, 우리가 부수고간 세면대 때문에 화장실이 엉망이 되었으니 물어주라는 메일이었다. 그 메일을 보고 매우 안 좋았던 나의 기억이 떠올랐다. 1년 전 필리핀에 여행 갔을 때 일이었다. 같은 방을 쓰는 언니가 보일러 좀 켜달라고 불러서 화장실 높이 붙어 있는 보일러를 켜기 위해 변기를 밟고 올라섰다. 보일러를 켜고 내려서다 세면기를 잡았는데, 그 나라는 세면기가 고정이 안 되어 있었다. 세게 잡지도 않았는데 완전히 무너지면서 거기 있는 화장실을 완전 제대로 전부 다 부숴버린 사건이 있었다. 난 거기서 여행 자금으로 세면기를 전부 다 물어주고 필리핀에서 먹고 싶은 거 못 먹고 사고 싶은 거 못 사고 가난하게 여행하고 왔었다. 나는 세면기와 악연이 있나보다. 마드리드의 세면기는 원래 물이 흐르고 있었는데 우리가 나올 때 조금 더 많이 흘렀을 뿐 우리가 부순 건 아니었다. 그래서 상황을 설명하고 그녀가 제시한 70유로의 절반을 깎아서 딜을 했다. 그녀는 수락했고 우린 수리비로 35유로를 냈다. 사실 돈이 아까운 것 보다 이미지가 너무 좋았던 마드리드와 쿨하고 친절한 그녀에 대한 기억이, 이젠 부순 세면대와 그걸 물어준 기억밖에 안남을 걸 생각하

니 못내 아쉬웠다. 사실 그녀가 너무 맘에 들어서 우린 그 새
벽에 숙소에서 나오면서 집도 한번 청소하고 왔었는데…. 그
래서 더 서운함이 큰가보다.

—— 추야

람블라스 거리 너머에

우리는 메트로 10회권을 끊어서 바르셀로나를 본격적으로 여행했다. 카탈루냐 광장에서 람블라스 거리를 걸으면서 해변까지 가기로 했다. 세계 3위의 관광도시라고 하더니 평일인데도 거리는 사람들로 가득했다. 10월의 바르셀로나는 수영도 할 수 있다고 해서 따뜻할 줄 알았는데 여전히 쌀쌀했다. 한국에서 들고 온 수영복은 바닷물 한 방울도 적시지 못했다.

각 도시마다 특징이 있긴 했지만, 바르셀로나만의 건축양식이 따로 있는 것 같았다. 건축 전공은 아니지만 다른 도시보다 건축물이 더 섬세하고 여성스러운 느낌이 물씬 풍겼다. 발코니의 형태가 철제로 섬세한 모양을 하고 있어서 그런 것이 아닐까. 10월이라 거리에 서있는 가로수 나뭇잎이 많이 떨어져 있었다. 추야가 보케리아 시장에 볼거리가 많다고 해서 보케리아 시장으로 갔다. 많은 사람들이 빼곡히 시장 안을 가득 채우고 있었다. 현지인들도 많이 애용한다는 시장은 진열장 가득 먹음직스럽게 채소와 과일, 육류, 치즈, 소시지 등을 진열해 놓았다. 정갈하면서 보기 좋게 진열된 모습만 봐도 그 맛을 느낄 수 있을 것 같다. 바르셀로나에 오면 꼭 먹어보라는 납작이 복숭아도 눈에 띄었다. 저녁에 집에 가서 맛을 보니 좀 심심한 단맛이 나는 복숭아 맛이었다.

해변에 가기 전 콜론 동상이 보였다. 추야는 콜론 동상에 있는 검은색 사자 위에 앉아 자신의 용맹함을 드러냈다. 나도 올라가고 싶었는데, 올라가 앉기에는 적당한 곳이 아니라는 추야의 말을 듣고 그만두었다.

곡선으로 이루어진 아름다운 다리를 건너 마레마그눔 쇼핑몰에서 점심을 먹었다. 해변이 보이는 테이블에서 식사를 하고 싶었지만, 추위를 많이 타는 나는 먹다가 체할 것 같아 실내에서 식사를 하자고 했다. 여행을 하면서 우리는 말수가 점점 줄어들었다. 피곤해서 그런지 할 말을 다해서 그런지도 모르겠다. 여행하는 동안 굳이 말을 안 해도 서로의 마음이 통한 상태가 되어가고 있던 걸까? 음… 좋다. 하면 그걸로 충분했다. 집으로 돌아가는 길에 멀리서 독특한 철제구조가 눈에 띄었다. 가까이 가보니 팔라우 구엘 Palau Guell(구엘저택)이었다. 곡선을 이용한 기묘한 철제 장식을 보고 있자니, 안에 공룡이 숨어서 살고 있을 것 같다. 안에 들어가서 구경하고 싶었지만, 가우디는 나중에 몰아서 같이 보자며 그곳을 지나쳤다. 하지만 우리는 그곳에 다시 갈 수 없었다. 여행지에서 잊지 말아야 할 것은 하고 싶은 것은 뒤로 미루지 말아야 한다.

팔라우 구엘 골목을 따라 다른 길을 죽 걸어갔다. 화려한 건물은 점점 사라지고 인적이 드물었다. 오히려 그 편이 우리의 호기심을 자극했다. 골목을 따라 크고 작은 가게들이 많았다. 주방 용품을 파는 가게가 보여 들어가 보았다. 숙소에 있는 모카 포트가 썩어서 커피를 숙소에서 마실 수가 없었다. 기념품도 겸할 생각에 빨간 모카 포트를 골랐다. 추야도 같이 파란 모카 포트를 골랐다. 바르셀로나에 있으면서 이 모카 포트 덕에 아침마다 모닝커피를 마시는 즐거움을 누릴 수 있었다. 혹시 몰라 한국에서 싸온 원두가 여행 내내 활력을 주는 존재가 되었다. 드립으로 준비해서 갔는데, 숙소마다 모카포트가 준비되어 있어 사용할 일은 별로 없었다. 미술용품을 파는 가게도 있어서 들어가 구경해보았다. 혹시나 괜찮은 미술용품이 있을까 싶어 들어갔는데, 내가 다니던 화방보다 규모가 작았다. 사고 싶은 제품의 물감은 이곳도 역시나 비쌌다. 좋은 제품은 어딜가나 비싼가 보다.

거리에 서서히 어둠이 내려왔다. 가로등이 켜지기 시작하자 어둠이 주황빛으로 물들어 갔다. 추야는 향신료 가게도 들러서 카레 가루를 샀다. 맛은 생각보다 쓴맛이 좀 강했지만, 색다른 카레 맛을 볼 수 있었다. 이 가게들이 특이한 점은 입구는 좁은데 안으로 들어가면 점점 공간이 넓어서 꽤 규모가 커진다. 길게 직사각형의 형태로 되어있어서 안으로 안으로 들어가다 보면 신기한 요술 가게를 방문하

는 것 같은 기분이 든다. 거리를 걸으면서 문방구를 찾았
다. 여행 틈틈이 공책에 팸플릿이나 영수증 등 잡다한 것을
붙이기 위해 가지고 온 딱풀이 떨어졌기 때문이다. 문방구
와 비슷해 보이는 가게는 보이지 않았다. 혹시 몰라 잡화점
같은 곳으로 들어갔다. 중국 사람인 듯한 상점 주인에게 딱
풀을 설명해야했다. 양 손을 들어

"Paper, Paper." 라고 말하고 손뼉을 딱 부딪쳤다.
그리고 "No, water." 라고 말하니 알았다는 듯이 딱풀
을 가지고 왔다.

우리는 그의 스마트한 영어 실력과 손님의 마음을 헤
아리는 탁월한 서비스 정신에 감탄을 금치 못했다. 가로
등이 길을 환하게 밝히는 길에서 벤치에 앉아 잠시 쉬었
다 갔다. 번잡한 람블라스 거리보다 이렇게 조용하게 쉴
수 있는 바르셀로나의 모습이 더 매력적으로 다가왔다.

신의 영혼이 깃든 몬세라트 수도원

가우디는 몬세라트를 보고 영감을 받아 '사그라다 파밀리아 Temple Expiatori de la Sagrada Familia'를 지었다고 했다. 산을 좋아하는 나는 꼭 그곳을 가보고 싶었다. 그리고 가우디가 무엇을 보고 '사그라다 파밀리아'를 지었는지 궁금하기도 했고, 가우디가 자연물을 통해 어떻게 자기 생각을 담아 형상화했는지 눈으로 직접 비교해보고 싶었다. 우리는 열차와 로프웨이, 산악열차가 포함된 콤비 티켓을 끊고 열차에 올라탔다. 추야는 열차에서부터 골아 떨어졌다. 같이 앉은 외국인도 피곤했는지 입을 동그랗게 벌리며 같은 포즈로 졸고 있었다. 그 모습이 재미있어서 소리아와 나는 조용히 웃음을 참았다.

열차에서 내려 몬세라트를 올려다보았다. 거인이 조각하려고 톱으로 투박하게 자른 듯 기암절벽이 하늘 높게 치솟아 있었다. 노란색 로프웨이를 타고 점점 몬세라트에 가까워지니 돌들이 우뚝 서서 우리를 지켜보는 사람들처럼 보였다. 로프웨이에 내려 산 정상까지 가볍게 산행을 하고 싶었지만, 긴 여행으로 몸 컨디션이 좋지 않았다. 그래서 가볍게 주변을 돌아보기로 했다. 협곡 사이에 흐르는 물과 몬세라트의 산맥이 끝없이 펼쳐져 있다. 우리는 산 아래 풍경을 보며 길을 따라 걷기 시작했다. 그 길이 어디로 향하는지도 모른 채 계속 걸어갔다. 오고가는 사람 없이 조용한 산책로 같았는데 왠지 아래에서부터 이 길을 따라 오를 수 있는 길인 것 같았다. 천천히 걸어올라 왔으면 얼마나 좋았을까?

기암괴석을 보니 사그라다 파밀리아의 옥수수 기둥이 생각났다. 가우디는 하늘 높게 닿을 듯한 그 절벽처럼 하늘에 가깝게 다가가고 싶었던 것은 아니었을까? 스페인에는 가우디 뿐만 아니라 세계적으로 유명한 예술가들이 많다. 스페인의 일부인 안달루시아를 시작으로 마드리드를 거쳐 카탈루냐인 이곳을 보고 있으니, 스페인이 품고 있는 다양한 문화 양식과 자연에서 영감을 받은 위대한 예술가들이 나올 수밖에 없다는 것에 수긍이 간다. 위대한 예술가는 천부적인 재능을 하늘에서 받고 태어나는 것이 아니라, 깊은 역사와 문화, 영감을 불러일으키는 자연이라는 토양에서 천천히 자라 피어나는 것이다. 뭐 양질의 토양뿐만 아니라 사막에서도 꽃은 피어날 수 있으니 예술가들은 언제 어디서든 피어나겠지만 말이다.

몬세라트 산을 본 것만으로도 나는 충분히 만족했다. 그래도 여기 오면 꼭 봐야하

손바닥에 들린 둥근 공을 만지며 기도하면 소원을 들어준다는 검은 성모 마리아.

는 검은 마리아상을 보기 위해 몬세라트 수도원으로 들어갔다. 한 달 동안 수많은 보석같이 아름다운 성당을 보고 다녀서 많은 기대를 하지 않았다. 황토빛 벽돌로 쌓인 외벽은 미묘한 명도 차이를 이루며 아름답게 만들어져 있었다. 입구에 들어가니 관리 직원이 조용히 관람하기를 부탁했다. 나도 모르게 발걸음이 조용해지고 우리끼리 말도 하지 않았다. 좁은 통로에 올라가 검은 성모마리아의 손을 조심스럽게 잡고 기도를 올렸다. 기도를 하고 천천히 내부를 돌아보았다. 사람들이 조용히 관람을 하고 있어서 그런 것일까? 다른 성당과는 분위기가 달랐다. 더 경건해지는 마음과 주변에서 나를 감싸는 무엇인가 느껴지는 영적인 기분이 들었다. 조용히 의자에 앉아 기도하고 싶은 마음이 들었다. 조용히 앉아 기도를 올렸다. 스테인드글라스에서 반짝이는 빛들이 내 기도를 하나님에게 전달해 줄지도 몰랐다. 수도회 출구에서 초들이 켜져 있었다. 바람에 흔들리는 촛불을 보며 이들이 초를 켜며 기도한 모든 것들이 이루어지기를 바랐다.

산 정상까지 올라가는 산악열차를 타고 올라갔다. 멀리서 산길을 따라 오르는 사람들이 보였다. 나도 저들과 함께 걷고 싶었다. 정상에서 내려 이정표를 보니 짧은 코스, 긴 코스 별로 시간이 안내되어 있었다. 나는 다양하게 보고 싶은 욕심에 짧은 코스를 이용해서 양 방향으로 가자고 제안했다. 한쪽을 보고 되돌아가서 다시 반대쪽으로 걸어가자고 했을 때 추야의 낯빛이 서서히 안 좋아지기 시작했다. 양 방향으로 갈 거면 한 쪽 길로 죽 가는 것이 더 낫지 않냐고 말을 했다. 자기는 왔던 길을 다시 되돌아가는 것을 제일 싫어한다면서, 반대쪽으로 걸어 올라갈 때 추야의 성남 게이지가 급격히 상승했다. 여행하면서 이렇게 화가 나 있는 모습은 처음이었다. 어차피 짧은 코스에서 보는 산의 모습은 크게 달라지지 않을 텐데 난 왜 다른 각도에서 보고 싶은 마음을 접지 못했는지, 같이 온 친구들에게 향한 미안한 마음이 몬세라트의 돌덩이처럼 쌓여갔다.

나는 작은 변화를 천천히 감상하며 걷는 트래킹이 너무 좋다. 광활한 공간감이 느껴지는 산을 바라보고 있으면, 그곳에 신이 머물러 있는 것 같다. 화려한 돌과 높은 천장을 쌓아 올릴 필요 없이 이렇게 자연과 마주 치면 그 속에 신을 느낀다. 그 앞에 서면 나의 작디작은 몸은 한없이 겸손해지고, 커다랗게 느껴지던 근심 걱정은 공기 속으로 사라져 다시 비워진 유리잔이 된다. 바르셀로나의 거리에서 만난 가우디의 건축과 그라시아의 화려한 상점들 보다 몬세라트가 가장 아름다웠다. 이번 여행을 통해서 나의 여행 취향을 알았다. 난 카보 다 로카나 파로와 같은 바다와 들 산이 있는 자연이 좋았다. 더 많은 자연을 보러 다니고 싶었다. 조금 힘들기도 하고 지친 추야를 생각해서 돌아가려고 했는데, 소리아가 조금만 더 올라가보자고 했다. 나는 내심 더 올라 갈수 있다는 생각에 힘들어도 기분은 좋았다. 소리아의 추진력에 묻어가서 좁은 산길을 더 올라갔다. 추야에게 정말 미안했지만 말이다. 우리 사이에 어색하게 흘렀던 기류는 몬세라트 산맥을 따라 흘러갔다. 시간에 맞춰 산악열차를 타고 내려가기 위해 기다릴 때는 나의 피곤함도 추야의 성남 게이지도 사라졌다. 나는 올라올 때 보지 못한 몬세라트 수도회를 보기 위해 열차 앞 창문으로 갔다. 창문을 통해 서서히 다가오는 몬세라트 수도회를 마음에 담기 위해 카메라를 내려놓고 하염없이 쳐다보았다.

—— 화란

최악의 여행타이밍 그리고 마지막 여행

유럽은 가톨릭의 나라라는 걸 여행하면서 내내 느꼈다. 모든 곳에 카테드랄 Catedral(가톨릭교회의 대주교가 있는 성당)이 있는 것도. 동네마다 소소하게 크고 작은 성당을 발견 할 때도 정말 신기했다. 프로테스탄트 교회가 유럽에도 있을까하는 호기심도 생겼다. 사실… 과하게 화려한 스페인의 성당을 보면서 거부감이 들었다. 이곳의 성당들은 다 과하게 화려해서, 화려하게 꾸미는 돈은 결국 신도의 헌금에서 나오는 것 아닌가?라는 생각이 들었다. 아니면 정복지의 약탈물품들이려나? 뭐 예전부터 부자였던 나라의 위엄이라고 생각하기로 했다. 그러고 보면 내가 가본 우리나라 성당은 정갈하고 성스러운 분위기였는데….

이번 여행에서 가장 성스러움을 느꼈던 성당은 리스본 대성당과 사그라다 파밀리아였다. 나머지는 멋진 예술품이란 느낌이지, 성스러운 느낌은 별로 못 받았다. 특히 몬세라트 수도원의 검은 마리아는 너무 거부감이 느껴졌다. 암만 봐도 가톨릭교회에서 보던 성체라는 느낌보단 유물 같은 느낌이었다. 수도원 건물 자체도 바위를 파서 만들어 빛이 별로 안 들어오게 설계되어 있고 금박은 너무 반짝거려서 엄청나게 예술적인 극장에 와있는 기분이 들었다. 근데 사람마다 느끼는 게 정말 다르다는걸 친구들과 대화해 보고 알았다. 소리아가 제일 성스럽게 느낀 곳이 여기였다고. 건물 자체는 정말 우아한 컬러로 설계되어 있어서 입구부터 감탄사를 자아낼 만큼 멋지다. 옅은 카키색과 부드러운 황토색의 조화가 멋스러운 건물이었다. 성당을 구경하고 우린 산에 올라갔다. 케이블카를 타는 것도 산악열차를 타는 것도 신기하고 산의 특이하고 유니크한 모양도 신기했다. 하지만. 그때의 난 너무 지쳐있었다.

게다가 우린 산에 올라가는 길을 찾다가 길을 잃어서 엉뚱한 곳을 한참 내려가다가, 다시 돌아와서 산에 올라간 것이라– 더더욱 걷는 것 자체가 짜증이 나있었다. 이렇게 멋진 곳에 와서 고작 느끼는 감정이 짜증이라니. 난 내 감정 때문에 더 짜증이 났다. 나의 짜증을 일행에게 전달한 것도 미안했다. 다음에 다시 바르셀로나에 올 일이 있으면 여유롭게 여행을 하고 싶다. 다시 한 번 이 신기한 바위산을 다시 산책해 보고 싶은 마음이 든다. 몬세라트에서 가장 인상적인 부분은 온 산에 수도자들이 사는 작은 집들이 보이는 거였다. 지금은 수도자가 사는지 모르겠지만, 성인들이나 수도자가 살았던 작은 집이 곳곳에 자리했다. 저길 올라갈 수 있을까 싶은 험해 보이는 암벽의 산 중턱에도, 숲 가운데에도 먼지 같이 작게 보이는 먼 산꼭대기에도 보였다. 아마 많은 수도자들이 금욕적인 삶을 살며 주님과 대화하기 위해 자신을 고립시킨 것이겠지. 그 어떤 화려한 카테드랄보다 수도자의 작고 낡은 집들이 가장 주님과 가까워 보였다. —— 추야

친구들을 바르셀로나에서 만나다

디아고날 역 앞에서 친구를 만나기로 했다. 맞은편에 독특한 색깔의 건물 까사 밀라가 보인다. 어제 몬세라트에 다녀온 뒤라 체력이 고갈된 우리는 벤치에 늘어져 있었다. 10월의 스페인은 따뜻한 편이라고 해서 여름옷만 챙겨왔는데 바람이 꽤 차갑다. 나중에 들으니 이상기온이 계속 되고 있어 현지인들도 당황해하고 있을 정도라고 했다. 우리 바로 앞에 '이미지내리엄 Imaginarium'이라는 가게가 있다고 했더니 친구가 바로 우리를 찾아 왔다. 그리고 까사 밀라와는 반대편 골목으로 우리를 데려 간다. 이곳에 와 처음 걸었던 까사 밀라 쪽 번화한 거리와는 사뭇 다른 분위기다. 바르셀로나에서 대학을 졸업하고 카탈루냐 독립운동에 관해 인터뷰하고자 여기와있다는 친구는 가이드처럼 골목 구석구석을 안내해주었다. 길을 잃을까 두려워 대로로만 걸을 때는 보이지 않았던 이 도시만의 매력의 눈에 들어온다. 메뉴 델 디아를 먹겠다는 우리의 말에 친구가 한 식당으로 우리를 안내했다. FC 바르셀로나 축구팀 티셔츠가 벽에 걸린 축구팬들이 주로 찾는다는 지방색이 물씬 나는 식당이었다. 메뉴판에 영어는 한 줄도 없었지만 친구의 자세한 설명 덕에 새로운 요리에 도전해봤다. 기억에 남는 건 추야가 먹었던 내장탕. 우리나라 내장탕과 비슷한 맛이 나는 것 같았다. 이곳에도 이런 내장을 이용한 요리가 있다는 게 신기했다. 화란이 주문한 와인은 글라스가 아니라 한 병이 통째로 나왔다. 음료(주로 술) 한잔과 전식 메인 메뉴, 디저트가 세트로 12유로 정도였던 것 같다. 저렴하기도 하고 맛있기도 했다. 재래시장에도 함께 들렸다. 하몽과 치즈 파는 가게에 갔는데 아저씨의 설명이 끊이지 않아 뭐라 하시는 거냐 했더니 여기 있는 제품들은 자기 농장에서 직접 생산된 것이라고 자랑 중이신 거란다. 카탈루냐 사람들은 상인 기질이 있어 자기가 파는 물건에 대한 자부심도 대단하다고, 많이 짜지 않고 겉은 딱딱하지만 속은 부드러운 치즈를 사고 싶다고 했더니 이것저것 맛보여 주신다. 그러더니 갑자기 뒤로 와인을 한 병 꺼낸다. 마침 이 치즈에 딱 잘 어울리는 와인이 있어 한잔씩 하고 가고, 건배를 하자 자기 아들도 세 명인데 축구를 좋아한다고 만나보지 않겠냐고 농담도 던진다. 아저씨의 소개로 와인가게에 들려 와인도 구입했다. 각자 구입한 물건을 전리품처럼 들고 카페의 야외 테라스에서 커피와 차를 마시며 느긋한 오후를 보냈다. 어딘지 모르게 낯설었던 곳이 이 곳을 잘 아는 친구

덕분에 한결 친근해졌다. 그 날 이후 흐리고 춥던 바르셀로나 날씨가 거짓말처럼 예년 기온을 되찾았다. 파란 하늘 아래 부드러운 햇볕과 신선한 바람을 느낄 수 있다. 이게 바로 바르셀로나라고 친구는 말했다. —— 소리아

가우디를 찾아서

드디어 사그라다 파밀리아를 보는 날이다. 각자 개인 일정을 보낸 후, 티켓 예약 시간인 4시에 맞춰서 사그라다 파밀리아 성당 입구에서 만나기로 했다. 나는 오늘 가우디 작품을 보러 다니기로 했다. 계획은 거창했지만 다 보지는 못하고 성당과 가까운 까사 밀라와 까사 바트요만 볼 수 있었다. 까사 밀라는 지금봐도 독특한 디자인을 가지고 있다. 수많은 이미지의 홍수 속에 살고 있는 나는 충격적이지는 않았지만, 당시 사람들이 느꼈을 충격이 내게도 전해졌다. 먼저 옥상에 올라가 투구 쓴 기사 같은 형상의 환풍구를 보았다. 가우디는 왜 사그라다 파밀리아를 이렇게 디자인 했을까? 혹시 우리나라 정승처럼 이 공동 주택을 수호하는 기사를 생각하면서 만들었나 싶었다. 옥상 아래에 보이는 바르셀로나의 거리를 바라본다. 기본 직사각형 형태에서 변형된 디자인을 세워진 건물들이 보였다. 현대에 세워진 건물과 비교해도 가우디의 독창성은 압도적이다. 더 중요한 사실은 가우디의 독창성을 인정한 사람이 같은 시대에 살고 있었다는 것이다. 어쩌면 수많은 재능 있는 사람들이 가우디 같이 파트너를 만나지 못해서 흔적 없이 사라진 건 아닐까? 아래로 내려가 실내 안으로 들어갔다. 안으로 들어가면 곡선을 이용한 선들이 따뜻하고 편안한 느낌을 준다. 단순히 가우디가 건축한 내부만 볼 수 있을 줄 알았는데, 당시에 생활했던 생활공간도 함께 재현해 놓았다. 침실, 응접실, 화장실, 부엌을 둘러보면서 독특한 외관과는 반대로 안에서 생활할 때는 온화하고 편안하게 생활했을 것 같았다.

길 따라 얼마 안가서 까사 바트요가 나왔다. 까사 바트요는 동화 속에서 나온 것처럼 아기자기해 보인다. 색색깔의 외벽에 붙어 있는 타일이 햇빛에 비춰 더 환상적인 분위기를 자아냈다. 매표소에 들어가 티켓 값을 봤다. 생각보다 값이 상당히 많이 나갔다. 내가 가격표 보고 놀라니까 뒤에 서 있었던 한 미국 관광객도 너무 비싸다며 함께 푸념을 했다. 그래도 이번이 아니면 볼 기회가 없어서, 또 까사 밀라만큼 볼거리가 많을 줄 알고 들어갔는데, 막상 들어가 보니 홀과 계단, 복도, 엘리베이터만 볼 수 있었고 방들은 관람할 수가 없었다. 까사 밀라와는 다르게 타일을 많이 이용한 건축이었다. 복도는 곡선으로 이루어져 고래 뱃속을 걷는 기분이고 건물 가운데 다채로운 색상을 가진 파란 타일이 붙어 있는 것을 보면 바다 속 같은 느낌이 전해졌다. 까사 바트요는 땅 위에 서있는 바다 같다. 옥상은 까사 밀라 옥상보다 더 예뻤다. 천천히 타일의 오묘한 배열을 보며 이 타일은 깨진 타일을 이용한

것인지, 붙이기 위해 타일을 깼는지가 그 순서가 궁금했
다. 어쩌면 내가 받은 팸플릿에 설명이 있을지도 모르겠
지만, 아쉽게도 독해가 어려웠다. 중국과 일본어는 있는
데 한국어는 준비되어 있지 않았다. 이것이 국력의 차이
인가 싶다.

　4시가 다 되어서 드디어 사그라다 파밀리아를 갔다.
앞에서 두 건물을 보고 내 나름대로의 사그라다 파밀리
아 성당을 상상했다. 소리아와 추야가 입구에서 기다리
고 있었다. 성당 입구에 있는 나뭇잎을 형상한 부조와 함
께 무당벌레가 있는 깨알 같은 디테일을 보면서 나의 기
대감은 풍선같이 부풀어져 갔다. 성당 안으로 들어가자
스테인드글라스의 빛이 나를 맞이했다. 높고 높은 천장
은 하늘에 대한 경외감이 자연스럽게 올라왔다. 사그라
다 파밀리아는 건축물이 아니라 빛 그 자체였다. 이 빛을
온 몸으로 받으면 나는 죄를 사함 받아 하나님이 있는 천
국으로 갈 것만 같았다. 아직도 짓고 있는 이 성당이 완성
되면 빛으로 변해 하늘로 올라갈지도 모르겠다.

구엘 공원은 소리아와 추야와 함께 다른 날에 방문했다. 구엘 공원을 가는 날은 날씨가 새파랗게 맑았지만 쌀쌀했다. 돌기둥을 지나 빗물이 흐를 수 있게 디자인 된 타일의 자에 앉아 공원을 바라보았다. 햇빛을 받으며 쉬려고 했는데, 타일이 너무 차가워 금방 일어나 다른 곳으로 향했다. 우리는 조경이 잘 보이는 나무 벤치에서 쉬기로 했다. 벤치에서 경사진 언덕을 바라보고 있자니 보기 좋게 배열되어 있는 나무와 풀들이 시야에 다 들어왔다. 우리는 느긋하게 햇볕을 쬔 후 구엘 공원의 상징인 도마뱀이 있는 쪽으로 걸어갔다. 이미 도마뱀 주변에는 많은 사람들이 모여 있었다. 타일로 만들어진 알록달록한 도마뱀은 사람들이 자기를 좋아해서 기분이 좋은지 방긋 웃으면서 물을 뿜고 있었다. 입구에 서있는 과자 같은 집이 보였다. 가우디의 독특한 감성보다는 동심이 구현된 건축물이었다. 저 모습 그대로 과자집을 만든다면 땅콩 맛과 초코맛이 날 듯했다.

우리는 다시 왔던 곳을 거슬러 올라가 돌기둥이 있는 곳으로 향했다. 어디선가 음악소리와 함께 화려한 탭댄스 소리가 들렸다. 남자 무용수가 화려한 몸놀림으로 격정적인 춤을 추고 있었다. 우리는 그의 춤에 매료되어 발걸음을 멈추었다. 유럽을 다니면서 종종 길거리에서 예술가를 만나는 기회가 있었다. 춤추고 그리고 연주하는 그들의 실력은 조예가 깊지 않은 내가 보고 들어도 상당한 수준의 실력가들이었다. 그렇게 거리에서 공연을 하

\#　공원 안을 걷다 보면 길거리 공연을 하는 팀을 자주 만나게 된다. 다들 수준급이라 넋을 잃고 보게 된다. 공원 안에 들어올 정도면 상당한 실력을 가졌을 거라고 바르셀로나에서 살았던 친구가 귀띔해줬다.

면 사람들은 예술가가 준비한 곳에 몇 유로를 넣고 그들
의 공연을 구경했다. 그림을 그리는 나도 거리의 예술가
들에게 인색한데, 거리 공연을 즐기는 이곳 사람들의 여
유가 부러웠다.

점심은 소리아의 친구를 만나서 함께 식사했다. 그녀
는 바르셀로나에서 공부를 하고 있는 친구였다. 우리는
그 친구의 추천으로 식당으로 들어가 메뉴 델 디아를 주
문했다. 스페인어를 할 수 있는 소리아의 친구 덕분에 주
문이 수월했다. 나는 음료로 와인을 주문했는데, 와인 한
병이 통째로 나왔다. 나는 주문이 잘못 된 줄 알고 종업원
을 불렀는데, 종업원이 하는 말이 와인을 주문하면 식당
에서 직접 만든 와인 한 병이 나온다고 말했다. 바르셀로
나는 정말 천국이다. 나는 그 달콤한 와인 한 병을 다 마
셨다. 신의 축복이 담긴 와인은 나를 취하게 하지 않고 황
홀하게만 만들어 줬다.   —— 화란

바르셀로나　＃ 가우디　＃ 카사밀라　＃ 멋져멋져

바르셀로나에 반하다, 사그라다 파밀리아

집에서 이곳 숙소를 잡을 때 지도에 사그라다 파밀리아가 굉장히 가깝게 보였다. 그래봐야 뭐 숙소에서 보이겠어? 싶었는데. 집 밖으로 나와서 고개만 꺾으면 바로 사그라다 파밀리아가 보였다. 너무나 아름다운 사그라다 파밀리아를 열흘 동안 매일매일 볼 수 있었다. 매일 바깥에 나가서 굳이 한 번 더 보고 들어오고, 일부러 지하철역 쪽으로 한 번 더 가고 그랬더랬다. 입장료가 비싸므로 한 번밖에 못 들어갔지만 언젠가 완공 되는 날 사그라다 파밀리아를 다시 보러 갈 것이다. 인간이 만든 제일 아름다운 건 '알함브라'라고 맘속에서 정해놨었는데 사그라다 파밀리아를 보고나서 마음이 바뀌었다. 내부에 처음 입장 했을 때의 감동은 지금도, 앞으로도 못 잊을 것 같다. 너무 아름다워서 눈물이 났다. 가우디가 가난한 사람들을 위해서 만들었다는 성가족성당은 거대하지만 그 안에 따뜻함이 있었다. 기둥은 돌로 만든 나무줄기로, 초록색 스테인드글라스에서 비치는 태양빛은 잎사귀로 보여서 거대한 숲속에 있는 것 같은 기분을 느끼게 만들었다. 너무 아름다워서 흐르는 눈물은 오랜만이었다.

가우디의 다른 작품들이 그냥 '좋구나', '특이하구나.'였다면 사그라다 파밀리아에는 압도적인 아름다움이 있었다. 가우디의 마지막 작품이라 했다. 역시 모든 예술가는 점점 영

글어 가는 것 이라는 생각을 하며 나도 나이를 먹으며 점점 그림을 잘 그리기를 기도해 본다. 사그라다 파밀리아 입장권을 살 때 타워 입장권과 함께 끊었는데 엘리베이터를 타고 타워로 올라갔다. 가까이서 본 타워는 더 옥수수 같이 생겨서 재밌었다. 높아서 좀 무서웠고 내려가는 건 뱅글거리는 계단을 통해 내려와야 했는데, 상당히 높아서 다 내려오니 멀미가 났다. 나가는 게 너무 아쉬워서 계속 회색의 기둥과 천장과, 스테인드글라스를 바라보고 바라보다 아쉽게 그곳에서 나왔다.

—— 추야

이번 정류장은 가우디 성당입니다

"이번 정류장은 가우디 성당입니다
(Aquesta parada es la Sagrada Familia)."

바르셀로나 시내 지하철을 타면 역마다 낮고 부드럽게 깔리는 여자 목소리로 안내 방송이 나온다. 대부분은 가사를 알 수 없는 노래처럼 흘러가 버리지만 딱 하나 귀를 잡아끄는 말이 있다. '사그라다 파밀리아' '사그라다'는 높은 음으로 길게 끌고 낮은 음으로 출발하는 '파밀리아'는 '파' 위에 악센트가 있다. 이제는 익숙해져서 나도 모르게 따라 부르게 되는 이 아름다운 멜로디를 들을 때 마다 집에 왔구나 안도한다. 그렇다. 바르셀로나에서 머무는 동안 사그라다 파밀리아(가우디 성당) 앞이 우리의 집이었다.

바르셀로나에 도착한 첫 날, 여행 가방을 끌고 숙소를 찾기 직전 사그라다 파밀리아 앞에 섰다. 건축과 미술에 문외한인 나도 가우디라는 이름은 상식으로 알고 있을 정도로 유명한 사람이 지은, 여행 내내 우리가 들고 다니던 포르투갈, 스페인 여행책의 표지 사진으로도 쓰이고 있는, 이름난 건축물 앞에 서 있는 것이다. 내가 지금 무엇을 보고 있는지 알아차리기도 전에 같이 서 있다. 추야와 화란의 입에서 감탄사가 터져 나왔다.

"이야, 역시 아름답네요."

"이걸 실제로 보게 되다니….."

감격에 젖은 두 사람의 흥을 깨트리고 싶진 않아 아무 말 하진 않았지만 마음속으론 '저게 뭐야.. 외계인이 먹다 버린 옥수수 같잖아, 그것도 버려진지 너무 오래 되어 썩어가는…' 이라고 생각했다. 모두가 감탄하는 곳에서 혼자 뽀루퉁해 있는 게 왠지 서글펐다. 나라는 인간은 괴짜 유전자를 타고난 걸까. 내가 좋아하기 전에 다른 사람이 극찬하는 것을 보면 왜 거부감부터 드는 것일까. 사람마다 좋아하는 음식이 다르듯 아름답다고 느끼는 것도 다른 것이 아닐까 생각해 본다. 나는 참 달라도 많이 다르구나. 이렇게 먼 곳으로 무거운 가방을 둘러메고 힘들게 떠나 온 뒤에야 내가 뭘 좋아하고 싫어하는지 분명히 알게 된다. 아무리 위대한 예술품이라도 살아 있지 않은 것에는 마음이 가지 않는다. 가우디 성당 앞에서도 가우디 성당보다는 그것을 보며 감탄하고 있는 사람에게 더 마음이 쓰인다. 그 유명한 알함브라 궁전에 가서도 궁전보다는 지붕 위에 걸린 구름이 더 시선이 쏠린다. 함께한 동료들이 명화를 보며 감탄할 때 나는 미술관을 감싸고 있는 공기의 흐름을 느끼는 게 좋았다. 어쩌면 이번 여행은 '나를 알아가는 여정이었다.'라고 결론 내렸다. 지금 생각해 보면 가우디 성당 앞에서 큰 감흥을 얻지 못한 게 내심 실망스럽고 억울했던 모양이다.

그런데 자꾸 보면 정 드는 게 사람만은 아닌가 보다. 길을 나설 때 집으로 돌아올 때마다 사그라다 파밀리아 앞을 지나쳤다. 우연히 같은 날에 스페인 여행을 하게 된 서울에서 온 지인도 사그라다 파밀리아 앞에서 만났다. 자꾸 보다 보니 정이 든 것일까. 이제야 고집을 꺾고 사그라다 파밀리아의 아름다움을 있는 그대로 볼 마음이 생긴 것일까. 드디어 사그라다 파밀리아 내부에 들어선 순간, 한 번도 본 적 없는 아름다움에 압도되어 눈물을 쏟을 뻔했다. 가우디는 이 성당을 가난한 사람들도 마음 편히 들어와 기도하는 공간으로 만들고 싶어지었다고 하던데 지금이야 며칠 전에 예약하고 몇 시간을 줄을 서야 들어올 수 있는 곳이지만 종교 없는 나도 기도하고 싶어지는 곳이었다. 조용히 기도실로 들어가 기도하고 나왔다. 기도는 어떻게 하는 것인지 도통 모르겠지만 달을 보고 소원을 빌듯이 작은 소망을 빌었다. 이제 멀리서 성당이 보이면 가슴이 두근거리고 벅차오르기 시작했다. 일부러 좀 돌아서라도 성당을 한 번 더 보고 지나갔다. 시간대에 따라, 그날의 날씨에 따라 성당의 모습은 달랐다. 흐린 날은 흐린 날 대로 운치 있고, 맑은 날은 맑은 날 대로 멋있었다. 어떤 날은 아침 일찍 잠에서 깨어 성당을 보고 오기도 했다. 아침 햇살에 장밋빛으로 빛나는 첨탑의 모습이 너무 아름다웠기 때문에 숙소로 가자마자 자고 있는 화란을 깨웠다.

"화란, 지금이야. 성당을 보려면 지금 일어나야해. 지금이 가장 아름답다고!"

"진정해. 내가 조금 더 자고 일어나도 성당은 그 자리에 있을 거야."

라며 다시 잠을 청하는 화란 옆에서 나도 다시 아침잠을 잤다. 아침에 깨었다가 다시 자는 잠이 최고의 꿀잠이었다.

드래그 더 블루스 Drag The Blues

어렵사리 파티 장소를 찾았다. 이미 한참을 헤매고 난 뒤라 이곳에 무사히 와 있다는 것 자체가 감동이었다. 데스크에서 명단을 확인하고 손목 띠와 봉투, 기념 물병을 받았다. 봉투 안에는 스케줄표와 강습 커리큘럼, 대회 참가자용 번호표가 들어 있었다. 파티장에 아직은 사람이 많지 않다. 홀을 꽉 채우는 블루스 음악에 몸을 맡기며 유튜브 영상 속에서 익숙한 푸른색 조명으로 빛나는 메인 무대를 보고 있자니 괜히 벅차오른다. 우리가 해냈어!

사람들이 춤추는 모습을 보는 게 처음은 아닌데 이전까지 봐왔던 것과는 달랐다. 혼자서도 추고 남자와 남자도 추고 여자와 여자도 추고. 키가 너무 커서 눈에 띄는 사람이 있는가 하면 춤사위가 독특해서 눈에 띄는 사람이 있었다. 저마다 개성을 뽐내며 멋지게 차려입고 저마다의 동작으로 음악을 타고 있었다. 뭐랄까, 자유로웠다. 너무 자유로워서 가슴이 시원해지는 기분이었다. 영화 헤드윅이 생각났다.

> 먼 옛날 인간은 머리두개 다리 네 개 팔 네 개 달린 동물이었는데 화가 난 제우스가 인간을 둘로 분리해서 떨어트려놨다지. 그래서 인간은 그때 잃어버린 짝을 찾아다니고….

긴 시간 비행기를 타고 날아 지구 반대편에 도착한 나는 그 먼 옛날에 인간이 둘이 아니라 백여 개 쯤으로 분리된 게 아닐까하는 엉뚱한 생각이 들었다. 온전하게 한 몸이 떨어져 나간 게 아니라 손과 팔과 몸과 다리가 분리되어 흩어져 그때 옆에 있던 또 다른 이의 머리와 팔과 다리와 결합되어 지금의 모습으로 살고 있는지도 모른다. 눈이 파란 저 남자와 나는 눈가의 주름이 닮았다. 빨간 머리카락을 가진 저 여자와 나는 발등의 모양이 비슷하다. 리스본의 그와 나는 삶을 바라보는 눈이 닮았다. 리투아니아의 그와 나는 음악을 듣는 귀가 닮았다. 전 세계에 흩뿌려진 나의 한 조각을 발견하고 잠시간 나의 일부가 완성됨을 느낀다. 늘 허전했던 부분이 한순간 가득 채워지는 듯 했다. 도시를 아름답게 하는 건 곳곳에 서 있는 위대한 건축물이 아니라 도시 안에 살고 있는 사람이었다.

드래그 더 블루스 페스티벌은 금요일 웰컴 파티를 시작으로 일요일 파티까지 2박 3일간 열린다. 아마 유럽에서 열리는 블루스 행사 중 규모가 가장 크지 않나 싶다. 어느 나라에서 왔는지 물으면 책에서나 봤던 유럽 각국의 이름들을 말한다. 나라 이름만 들어도 괜히 로맨틱한 기분이었다. 우리는 낮에 열리는 워크숍과 대회까지 풀패스로 참가했다. 그러니까 새벽까지 춤을 추고 오전에 나와 강습을 듣고 다시 새벽까지 춤을 추기를 반복하는 것이다.

지치기도 했지만 재밌었다. 강습 자체가 좋기도 했고 강습을 통해 만나는 사람들도 좋았다. 마지막 수업이 가장 좋았는데 '리미트'를 반복해 '크리에이티브'를 만들어 내는 수업이었다. 한계를 주고 그것을 반복하니 자연스럽게 이전에 해보지 않았던 동작이 만들어졌다. 그런데 강사는 미국인이고 영어로 수업하는데 수업을 듣는 우리는 영어가 익숙지 않은지라 영어 자체가 이미 '리미트'가 되는 재밌는 상황이 벌어졌다. 강사가 제시한 리미트를 두고 이게 무슨 의미인지 저마다의 의견을 제시하며 때 아닌 토론의 장이 벌어진 것. 수업 들을 땐 뒤에서 조용히 따라가는 소극적 학

습자인 나마저 자연스럽게 앞으로 나서게 만들었다.

"아니 저기요. 그러니까 그게 아니고요."

오픈 클래스 수업도 있었는데 키좀바, 살사, 탱고, 아크로요가 중 선택할 수 있었다. 강사들이 나와 데모를 보여 주는데 우리는 리스본의 기억을 떠올리며 키좀바를 선택했다. 세상 모든 일이 그렇듯 모를 땐 어려운데 알고 나면 아무것도 아닌 것. 다시 리스본의 벨레자 클럽에 가서 키좀바를 추고 싶어졌다.

대회도 파티 진행도 군더더기 없이 말끔하고 중간 중간 이벤트와 멘트도 적절하게 나와 파티의 흥을 점점 올려 주었다. 그날 추었던 모든 춤이 더할 나위 없이 만족스러워서 한국에 돌아와서도 한동안 유럽앓이에 시달렸다. 잘 추던 못 추던 모두가 음악과 함께 상대방 움직임을 잘 들어 준다. 이렇게 나의 말을 잘 들어주는 사람을 만나본 적이 있었던가 싶을 정도로. 말 없이 춤을 췄을 뿐이지만 말 잘 통하는 친구와 속 깊은 대화를 나눈 기분이다.

—— 소리아

드래그 더 블루스에서

우리의 여행의 목표였던 드래그 더 블루스라는 행사는 금요일부터 일요일까지 진행 되는데, 낮에는 블루스 챔피언에게 수업을 듣고 저녁에는 화려하게 꾸미고 파티를 즐기는 행사였다. 이런 행사는 미국에도 있고, 전 유럽에서도 열리는데, 굳이 우리가 이 바르셀로나에 행사에 오고 싶었던 이유는 단지 파티 장소가 매우 멋져 보여서였다. 호텔 카탈루냐 1864에서 열리는 이 행사장의 영상을 보면서 우리는 로망을 키워갔다.

첫째 날 웰컴 파티에 설레는 기분으로 화려하게 화장을 하고 댄스화를 들고 구글 맵을 켜고 파티장으로 향했다. 우리는 여행하면서 한 번도 단번에 목적지에 다다른 적이 없었다. 무조건 헤매왔는데, 이번엔 이상하게 한 번에 찾은 것이었다. 두근거리는 마음으로 호텔 안에 들어갔는데 행사 비슷한 안내문 한 개도 없었다. 그래서 다시 주소를 확인해 보니 이름만 같은 다른 호텔이었던 것(뒤에 숫자가 안 붙어있다) 역시나. 이제는 화도 나지 않았다.

다시 지하철을 타고 이동해서 원래 목적지인 호텔 카탈루냐 1864에 다다르니 포스터도 붙어있고 신발주머니를 들고 빈티지 스타일로 화려하게 꾸민 사람들이 우글우글 모여 있

스페인 & 포르투갈에 춤추러 가자

었다. 소셜댄서들은 다 자기 전용 신발주머니를 들고 다니는데. 우리 역시 신발주머니를 들고 화려하게 꾸민 소셜댄서 중 하나였다.

시작 시간에 맞춰서 파티장에 들어갔다. 역시 어떤 나라의 파티도 제시간에 사람들이 들어오지 않는다는 것을 배웠다. 사람이 너무 없어서 뻘쭘했다. 그래도 어디 가서 시간 때우기도 뭐하고 해서 우린 몸을 풀면서 행사장 의자에 앉아있었다. 여행을 오기 전에 맞춘 파란색 댄스 구두로 갈아 신었는데, 어떤 아름다운 여자가 다가오더니 너무나 예쁜 구두라고 칭찬했다. 고맙다고 말하면서 그녀를 바라보니 우리를 가르쳐줄 선생님이자 블루스 챔피언 위튼이었다. 새 구두 맞춰오길 참 잘했다.

영상으로만 본 그 행사장에 내가 와 있다니 감회가 새로웠다. 앉아있으려니 한명씩 사람들이 들어와서 춤을 추었다. 우리도 자연스럽게 어우러져서 춤을 추었는데 지금 있는 사람들 모두가 너무 잘 춰서 기분이 이상할 정도였다. 우린 '여… 여기가 천국?' 이렇게 생각하고 있었는데 알고 보니 강사와 챔피언들이 먼저 와서 몸을 풀면서 춤을 추고 있었던 것이었다.

물론 고수는 많았지만 누구나 다 잘 추는 건 아니었다. 모두 다 잘 추는 줄 알고 '세계의 레벨은 이렇구나.' 아주 잠시 감동을 했더랬다.

라이브 밴드와 함께 파티가 시작됐다. 3팀의 라이브 밴드가 연주를 하고 댄서들은 그 음악에 맞춰 춤을 추었다. 델타 블루스에 가까운 밴드부터 시카고 블루스 밴드, 재즈 블루스 밴드 등 여러 스타일의 블루스 밴드들이 나와서 화려한 연주를 들려줬다. 이제껏 지금을 위해 여기 왔구나 싶은 기분이 들었다. 행복한 소셜파티였다. 아름다운 음악과 아름다운 장소에서 이렇게 춤을 추다니. 내 평생 제일 잘한 일이 춤을 배운 일인 거 같다.

드래그 더 블루스 와서 더 좋았던 건 이 행사가 유럽에서 손꼽히게 큰 행사라 400여 명의 전 유럽 블루스 댄서가 다 참가한다는 점이었다. 이제껏 카탈루냐엔 미남이 없다고 투

\# 파티장 \# 호텔카탈루냐 \# 블루스 \# 라이브밴드

스페인 & 포르투갈에 춤추러 가자 /

덜거리고 있었는데 전 유럽의 훈남들이 이 파티장 안에 있었다. 또 한 번 이곳은 천국? 이란 생각을 하고 있을 때쯤, 눈에 띄게 잘생긴 남자가 눈에 들어왔다. 저 사람이랑 꼭 춤을 춰봐야겠다고 생각하고 그에게 춤을 신청했다. 그의 이름은 바르놀 Barnol. 프랑스에서 온 댄서였다. 발음을 따라할 수가 없어서 그의 이름을 한 4번 물었었다.(바르놀, 혹은 바그놀 정도로 들렸다) 외모지상주의자인 나는 그 리더를 맘속으로 내 여행 중 얼굴 1인자로 삼았다.

춤을 신청하러 갔을 때 그는 다른 사람과 먼저 추기로 했다고 미안하다며 다음에 다시 신청을 해왔다. 그는 외모만큼 훌륭한 댄서여서 춤 한곡이 완벽하게 이루어진 기분이 들었다. 그 파티에서 제일 인상적이었던 것은 어떤 남성 팔로워였다. 그는 댄디한 외모였는데 여성과 출 때는 리더로, 남성과 출 때는 팔로워로서 춤을 췄다. 리딩과 팔로잉 둘 다 할 수 있는 매너 좋고 훌륭한 댄서였다. 그가 남성 파트너와 함께 춤추면서 다정하게 입 맞추는 장면이 정말 예뻐보였다.

그리고 키가 엄청 큰(190cm정도…) 크로스 드레서인 남자 댄서도 만났는데, 그는 아름다운 시스루 블라우스를 입고 있었다. 나에게 다가오더니 예쁘고 질감이 너무 좋은 드레스를 입었다며 칭찬했다. 외국서 대화의 물꼬는 칭찬을 하면서 트나보다. 별거 아닌 옷으로 얼마나 많이 칭찬을 받았는지….

그는 너무 스윗한 성격의 댄서였다. 세계의 여러 댄서들과 춤을 추는 경험. 새로운 곳에서 새로운 경험을 한 웰컴 파티는 그렇게 끝이 났다.

둘째 날부터 수업이 시작됐는데 수업은 춤춘 연차에 따라 자기가 클래스를 선택 할 수 있었다. 우리는 아무래도 오래 췄으니까 제일 높은 레벨을 선택해서 들었다. 여러 수업을 들었지만 우리가 좋아하는 챔피언인 조 데머스Joe Demers의 수업이 역시 제일 좋았다. 그의 파트너는 나의 구두를 칭찬해 주었던 사랑스러운 위튼 프랭크Whitton Frank. 그녀는 사랑스러운 외모만큼 사랑스럽게 춤을 춰서 보기만 해도 행복했다. 우린 행복에 겨운 미소로 그들과 사진을 찍었더랬다.

블루스챔피언과함께 # 신남

스페인 & 포르투갈에 춤추러 가자 /

\# 드래그더블루스 \# 대회참가 \# 솔로예선전

이 날엔 춤 대회가 있다. 모든 행사는 다 대회가 있는데, 순위를 나누는 것에 중점을 두기 보다는 서로의 춤을 보면서 파티 분위기를 끌어올리려고 하는 대회다.

랜덤 파트너로 대회를 치루는 건 잭앤질J&J, 정해진 파트너로 대회를 치루는 건 스트릭틀리Strictly, 혼자 추는 블루스는 솔로 블루스라고 하는데 이곳은 잭앤질과 솔로 블루스 두 부분 밖에 없었다. 나와 화란은 잭앤질을, 소리아는 잭앤질과 솔로 블루스 두 부분에 다 참가했다. 결과가 좋으면 기분 좋으므로, 결승전에 가보고 싶었지만 우린 아직 실력이 너무 부족했다. (5쌍 안에 든 모두가 각 자기네 나라에서 강사를 할 정도의 댄서였다고 한다.) 수상을 염두해뒀다기 보다는, 그냥 대회에 참가해보고 싶다는 생각으로 그저 신났다.

게다가 파이널에 올라간 댄서들의 춤은 어찌나 훌륭했는지. 보기만 해도 기분이 저절로 붕떴다.

같은 수업을 들은 얼굴을 튼 댄서들이 많아서 파티에서 춤을 출 수 있는 사람이 많아져서 너무 좋았다. 물론 말은 안통해서 "헬로~ 쉘위?" 다 추고는 "땡큐!!" 하고 돌아 올 뿐이었지만. 말이 더 잘 통했다면 친구가 될 수 있었을 텐데. 다음에는 행사를 위해 꼭 일상회화는 연마해서 갈 거라고 나와 약속했다.

마지막 날도 수업 후 파티가 있다. 수업은 1시간씩 3타임으로 나눠져 있는데 이날은 FC 바르셀로나의 경기를 보려고 수업 하나를 빼먹었다. 축구를 보고 옷을 갈아입고 다시 파티장으로 향했다. 마지막 날의 파티는 클럽을 빌려서 했는데 이곳 분위기 너무 좋아서 바닥났던 체력이 저절로 생겨

나는 기분이 들었다. 호텔 파티장은 우아한 분위기라면 여긴 좀 더 영한 분위기랄까. 마지막 날이라서 그런가 모두 다 정말 멋지게 차려입어서 눈이 즐거웠다. 여자들은 화려한 드레스를 입고, 남자들은 대부분 드레스 수트를 입었다. 그때 한국에서 친구가 나에게 파티 좋냐고 메신저를 보내왔는데, 고개 돌리면 다니엘 크레이그 같은 남자들이 돌아다닌다고 답을 보냈더랬다.

그때 바르놀이란 댄서가 눈에 들어왔다 난 또 그에게 춤 신청을 했다. 이 어쩔 수 없는 외모지상주의. 그와 또 춤을 췄는데 역시나 그는 훌륭한 댄서였다. 즐거운 한곡을 추고 한국인답게 고개를 숙여 인사했는데, 그는 즐거웠다며 꼭 껴안고 비주(볼을 대고 소리만 내는 인사)를 했다. 그는 한곡을 추고 누구에게나 그렇게 인사했는데 그 얼굴이 가까이 다가오니까 '심쿵'했다. 역시 미남이 최고다. 영어를 잘하는 소리아는 친구를 많이 사귀었는데 그중 한명인 디마와 제일 친했다. 소리아는 디마와 그의 친구들과 함께 2차를 가겠냐고 물어봤고 우린 그녀를 따라 나섰다. 하지만 일요일에 새벽4시까지 여는 술집은 없었고 우린 2차는 포기하고, 다함께 집으로 걸어가기로 했다. 디마와 친구들의 숙소와 우리 숙소가 가까웠던게 신기했다. 파티장에서 걸어 나와서 숙소로 가는데 숙소와 파티장은 2km 정도 떨어져 있다. 40여 분 걸어가면서 그 길 내내, 내일 호텔 카탈루냐에 가면 또 파티가 있을 거 같은 그런 기분이 들었다. 내 첫 번째 외국 행사체험은 그렇게 끝났다. —— 추야

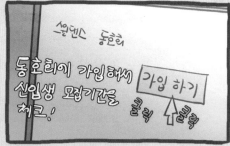

스페인 & 포르투갈에 춤추러 가자

바르셀로나 드래그 더 블루스

이번 여행의 하이라이트 드래그 더 블루스 행사가 시작이 되었다. 금요일 저녁부터 웰컴파티가 있었다. 우리는 낮의 일정을 일찍 끝내고 휴식을 취했다. 밤늦게까지 놀기 때문에 미리 체력을 보강해야 했다. 마지막 남은 홍삼을 한 봉지 뜯었다. 중간에 소리아와 추야에게 한 봉지씩 주어서 여행이 끝나기 전에 바닥이 났다. 소리아와 추야도 홍삼을 먹더니 자기들도 여행 올 때 챙겨야겠다면서 홍삼의 매력에 빠졌다.

바르셀로나의 댄서들과 춤 출 생각을 하니 긴장과 함께 기대감에 잔뜩 부풀어 있었다. 추야는 요리뿐만 아니라 메이크업도 잘해서 화려한 메이크업으로 나와 소리아를 변신 시켜줬다. 이날을 위해 짐의 한 귀퉁이를 파티복으로 채워 왔다. 파티복들은 긴긴날 캐리어 속에서 빛을 받지도 못하고 오늘까지 기다려 왔다. 분위기에 따라 결정하려고 필요 이상 몇 벌 더 챙겼다. 우리는 한껏 꾸미고 파티장으로 출발했다.

첫 날 파티가 있는 〈호텔 카탈루냐 1864〉를 가기 위해 메트로를 타고 시내까지 갔지만, 호텔을 찾을 수 없었다.
팸플릿에 나와 있는 지도와 우리가 서 있는 길이 맞지 않
았다. 자세히 보니 구글 맵이 호텔 이름이 같은 엉뚱한 곳
으로 우리를 안내를 해주었다. 다시 구글 맵을 검색해서
파티장을 찾아 도착했다. 그래도 이 호텔이 맞나 싶어 로
비에서 서성이고 있는데, 멋있는 빈티지 의상에 신발주머
니를 들고 가는 사람들이 지하로 내려갔다. 스윙댄서들이
즐겨 입는 빈티지 의상이라 그들이 입은 옷을 보고 단번
에 스윙댄서임을 알았다. 우리는 그들을 따라 내려갔다.
늦게 도착한 줄 알았는데, 사람들이 아직 많이 모이지 않
았다. 라이브 무대 근처에 있는 의자에 자리를 잡고 몸을
풀었다. 고개를 돌리고 허리를 돌리며 파티 장소를 둘러
보았다. 장소가 낯설어 쉽게 리더에게 다가가 춤 신청하
기 창피했다. 한국에서는 먼저 리더에게 다가가 춤 신청
을 하며 춤을 췄는데, 장소가 바뀌었다고 소심해졌다. 셋
이서 조용히 홀에서 흐르는 블루스 음악에 맞춰 솔로 블
루스를 추고 있을 때, 한 리더가 나에게 춤 신청을 했다.
상당히 잘 추는 리더여서 이곳 바르셀로나는 다 그 리더
처럼 잘 추는 줄 알았다. 나중에 알고 보니 행사를 진행하
는 선생님이었다. 몇 번 춤을 추고 나서 주변을 둘러봤다.
파티홀에 사람들이 가득 찼다. 한국 댄서들과는 다른 느
낌으로 음악을 타는 그들의 춤에 매료되어 블루스에 흠
뻑 빠졌다.

스페인 & 포르투갈에 춤추러 가자

\# 포토존   \# 화려한변신

더위를 식힐 겸 주최 측에서 준비한 포토존에서 사진을
찍었다. 포토존에서 옆에 마련된 테이블 위에는 다양한
소품들이 준비되어 있었다. 우리는 각자 검은 깃털과 진
주 목걸이를 목에 걸고, 검은 모자에 마이크를 들며, 붉은
깃털 부채를 사용해 사진을 찍었다. 최대한 섹시한 모습
을 담고 싶었지만, 한국에 돌아와 페이스북에 올라온 사
진을 확인한 우리들, 아니 나의 모습은 기대와는 다르게
나왔다. 그래서 당장 지우고 싶은 마음이 굴뚝같았지만,
이날을 기념하기 위해 저 깊은 컴퓨터 하드에 저장했다.
십년이 지나서 이 사진을 보면 젊었다는 이유 하나만으로
굴욕사진이 되어있진 않겠지. 라이브 밴드가 나오면서 사

람들의 열기는 점점 뜨거워졌다. 그 열기에 취해 나도 많은 춤을 추고 싶었지만, 추려고 주변을 돌아보면 리더가 남아있지 않았다. 해외 행사에 가면 여자들이 더 많다고 하더니, 이번 파티도 여자가 더 많은 것 같았다.

서서히 파티홀에서 사람들이 하나 둘씩 빠져 나갔다. 우리도 내일 들을 수업을 위해 집에 가기로 했다. 새벽 공기는 상쾌하게 쌀쌀했다. 추야가 파티 끝나고 걸어갈 만한 곳에 숙소를 잡았기 때문에, 30분 정도 걸어갔다. 춤을 너무 많이 췄는지 조금 출출했다. 간단하게 사먹을 수 있는 가게를 찾았다. 운 좋게도 케밥을 파는 터키 음식점이 보였다. 케밥을 들고, 가로등이 켜진 도시의 거리를 걸었다. 거리 전체가 다 우리들 것 같다. 낯선 도시의 적막함 속을 걸으며 약간의 두려움과 모험을 하고 있다는 자신감이 혼재되어 괜히 사람을 들뜨게 만들었다. 혼자였으면 할 수 없었던 일을 셋이라서 함께 할 수 있었다.

다음 날, 쉴 틈 없이 춤을 췄던 어제와 달리 파티홀 한 구석에 앉아 천천히 쉬어가며 춤을 췄다. 소리아와 추야는 너무 재미있다며 얼굴이 상기된 채 계속 춤을 추고 있었다. 추야는 마드리드와 바르셀로나 거리에서 만나지 못한 잘생긴 남자들이 많다면서 좋아했다. 게다가 춤까지 잘 춘다고 더 좋아했다. 추야는 호시탐탐 그 리더들과 춤출 기회를 찾았다. 한국의 스윙문화는 아주 친한 사람이 아닌 이상 한 번만 춤을 추는데, 이곳에서는 서로 춤이 재미있다고 느끼면 연달아 춤을 추는 문화가 있었다. 나는 한 곡 끝나자마자 뒤도 안보고 갔는데, 이 문화를 알고 나서 춤이 끝나고 조금 기다렸다. 가끔 그런 나에게 한곡 더 추자는 리더가 있었다. 아주 기분 좋게 신청을 받아들여 춤을 췄다.

처음에 여행 일정을 계획할 때 블루스 행사를 여행 일정에 앞에 둘지, 뒤에 둘지 고민했다. 절충으로 중간에 하면 좋았겠지만, 여행 동선이 꼬여서 중간에 일정 잡기가 애매했다. 나는 11월이 되면 여행하기에 추우니 행사를 여행의 마지막으로 잡자고 했고, 추야는 먼저 체력 좋을 때 블루스 행사를 듣고 여행을 하자고 했다. 마지막으로 소리아의 선택에 따라 우리의 여행 스케줄이 정해지는 순간이었다. 소리아는 앞이든 뒤든 상관이 없는데, 11월 초에 일을 해야 하기 때문에 한국으로 돌아와야만 했다. 그래서 이 블루스 행사를 여행의 마지막으로 장식하게 되었다. 내 의견대로 스케줄이 정해졌지만, 나의 실수였다. 여행으로 피로가 누적되어 기대했던 만큼 즐기지 못했다.

마지막 파티는 파티홀이 아닌 바에서 열려 아주 색다른 분위기였다. 소리아와 추야는 다른 파티보다 분위기가 더 좋다며 즐거워했다. 나도 이런 분위기에서 정말 즐기고 싶었다. 그래도 마지막 파티를 즐겨야 한다는 생각에 힘을 내서 바 홀에 서 있었다. 그때 파티 내내 본적이 없던 리더가 나에게 춤을 신청했다.

음악이 흐르고 그 리더와 블루스를 췄다. 내가 지금까지 춘 블루스 춤 중에 최고였다. 그는 프랑스 툴루즈에서 왔다면서 자기소개를 했다. 새로운 음악으로 바뀌자 그가 춤을 다시 신청했다. 그렇게 힘들었던 몸이 점점 가벼워졌다. 천근만근 같던 나의 몸이 그의 리딩에 따라 깃털같이 움직였다. 그가 음악을 어떻게 듣는지 리딩을 통해 알았다. 내가 음악을 듣고 표현하고 싶었던 것이 리딩을 통해 표현되어 졌다. 음악이 끝나는 것이 너무 아쉬웠다. 그도 아쉬웠는지 영어로 대화를 시도했다. 아무리 호감 가는 리더가 있으면 뭐하나, 그 호감도 영어 울렁증으로 도망가고 싶은 충동을 넘어서지 못했다. 불행인지 다행인지 다른 여자가 그에게 춤 신청을 하게 되어 나는 그 자리를 떠날 수 있었다.

여행 내내 추야의 미남 밝힘증이 못내 부러웠다. 스페인은 잘생긴 남자가 없다면서 자기 혼자라도 잘생긴 남자를 만나러 이탈리아를 다녀와야겠다고 이야기했다. 항공료도 저렴하다며 나름 심각하게 고민하고 있었다. 한 달 내내 여행하면서 수많은 남자들을 보았지만 내 눈길을 사로잡은 남자는 없었다. 삶에서 사랑이 빠지면 무슨 낙으로 살아야 하나 싶었다. 그런데 오늘에서야 나의 심장이 콩닥콩닥 뛰었다. 그 리더에게 다시 신청하고 싶었지만, 인기가 많아서 쉴 새 없이 춤을 추고 있었다. 조금 회복된 컨디션으로 파티를 즐겼다. 운 좋게 그 프랑스 리더가 나에게 또 홀딩 신청을 했다. 이 프랑스 리더와는 이번 춤이 마지막이겠구나 싶어, 음악과 춤에 집중하며 춤을 췄다. 기분 좋게 춤을 춰도 더 이상 컨디션이 회복되지 않았다. 체력이 방전 돼서 당장 숙소로 돌아가고 싶었다. 혹시나 싶어 소리아와 추야를 보았다. 그들은 얼굴 가득 행복한 미소를 띄며 파티를 즐기고 있었다. 그런 그들에게 가자는 말을 차마 하지 못했다.

소리아는 춤을 추는 동안 새로운 댄서 친구 디마를 알게 되었다. 파티가 끝나고 다 함께 바를 나가는데, 디마가 묵고 있는 숙소가 우리와 비슷한 사그라다 파밀리아 근처였다. 디마는 자기와 함께 온 친구들과 함께 술 한 잔을 하고 가자며 바를 찾았다. 하지만 새벽에 열려 있는 바를 찾지 못했다. 디마는 사그라다 파밀리아 공원에 가서 같이 놀자고 했다. 소리아는 잠깐만 있다가 돌아간다며 그들과 함께 공원으로 갔고, 나와 추야는 피곤해서 숙소로 돌아갔다. 사실 그들을 따라 공원에서 술잔을 기울이며 춤에 대한 이야기를 나누며 새로운 월드 프렌~즈를 사귀고 싶었지만, 내 영어실력으로 머리 굴리다가 내 몸이 재가 될지도 모르는 상태였다. 낯선 바르셀로나에서 사라지기 전에 잠을 자는 것이 현명한 선택이었다.

열쇠가 하나 밖에 없어서 나와 추야가 열쇠를 가지고

숙소로 돌아갔다. 나는 금방 뒤따라온다는 소리아가 들어올 수 있게, 자동으로 잠기는 공동현관문에 물병하나를 끼어 넣었다. 정말 푹 자고 자고 또 잤다. 느즈막하게 일어나 옆을 보니 소리아가 들어오지 않았다. 간밤에 무슨 일 생겼나 싶어 걱정이 됐다. 자다 말고 공동현관문으로 나가보니 문은 이미 잠겨 있었다. 혹시 몰라 메신저를 확인했다. 일어나면 연락하라는 소리아의 메시지가 왔었다.

파티의 여운이 떠나지 않아, 프랑스 리더에게 페이스북 신청을 했다. 바로 그에게 답장이 왔다. 자기는 이름은 줄리앙이라면서 나의 한국 이름을 물어 보았다. 혹시나 하는 마음에 바르셀로나에 언제까지 머무는지 물어봤다. 아쉽게도 자기는 회사에 출근하기 때문에 이미 프랑스 툴루즈에 있다고 했다. 프랑스도 좋은 블루스 행사가 많다면서 언제든 놀러오라고 했다. 모든 프랑스 블루스 댄서가 줄리앙 같이 춤을 춘다면 당장이라도 툴루즈 블루스 행사에 가고 싶어졌다. 나도 한국의 블루스 신도 좋으니 놀러오라는 말도 잊지 않았다. 이 정도의 대화가 오고갈 수 있었던 것은, 구글 번역과 소리아의 센스 있는 화법 덕분이다. 해외 행사를 통해 많은 댄서와 친구를 맺고 싶었지만, 나에게 있어 언어의 장벽은 행성과 행성 사이의 우주 공간만큼 넓었다.

—— 화란

지구 반대편 댄서와 만나 친구 되기

마지막 파티가 끝나갈 무렵, 디마가 다가왔다. 금요일부터 여러 번 마주쳐 이제 제법 친밀해진 리투아나 댄서다. 이제 곧 파티가 끝나니 다른 곳으로 옮겨 술도 마시고 이야기할 텐데 같이 가지 않겠느냐고 물었다. 고맙고 친절한 제안이었지만 술도 좋아하지 않는데다 말도 통하지 않는 가운데 앉아 있는 것이 얼마나 어색할까 싶어 친구들 핑계를 댔다. 친구들에게 물어볼게. 그리고 당연히 그들도 이 제안을 거절할 것이라 생각하며 저들과 함께 가고 싶은 지 물었다. 그런데 웬걸 안 될게 뭐 있냐며 함께 하자고 한다. 그리하여 한국과 리투아니아 폴란드 러시아에서 온 젊은 댄서들이 바르셀로나 거리에 나왔다. 하지만 거리 어디에도 새벽 5시에 문을 연 바는 없었다. 결국 메트로를 타고 사그라다 파밀이아 앞 공원까지 왔는데 추야와 화란은 이제 피곤이 몰려오는지 그만 들어가 쉬고 싶다고 했다. 이제 우리는 그만 들어가야겠다고 의사를 전달하는데 디마가 커다란 초록색 눈을 더 커다랗게 뜨며 묻는다.

"Why?"

나는 또 친구들 핑계를 댄다. 하지만 디마는 이해하지 못하는 눈치다. 친구들은 먼저 들어가도 넌 계속 있을 수 있잖아. 한 번 더 거절했다간 거의 울 것 같은 표정이다. 나는 잠시 고민하다 디마 일행과 함께 가기로 했다. 열쇠를 추야에게 주고 조금만 앉아 있다 갈 테니 먼저 들어가라고 했다. 나에게 친절하고 착한 사람의 호의를 거절하고 싶지 않았고 숙소가 가까웠기에 안심하는 마음도 있었다. 어린 시절 학년이 바뀌고 반을 배정받고 나면 새 친구를 어떻게 사귈 수 있을까가 가장 큰 고민이었다. 그런데 그럴 때 마다 먼저 다가와 이름이 뭐냐고 묻고 친구가 되어주는 아이들이 있었다. 그때 생각했다. 걱정하지 않아도 되는구나. 지금 꼭 그런 기분이다. 여전히 무슨 말을 먼저 해야 하는 건지는 모르겠는데 '여기 앉아도 좋을까'라는 첫 번째 물음에 '그래'라고 대답하는 것만으로도 어떤 가능성이 열리는 것 같다. 그걸 알면서도 어른이 된 지금도 그 가능성에 나를 계속 내려 두는 것이 쉽지 않다. 이제 정말로 피곤해졌기 때문에 이만 들어가야겠다고 말했다. 디마가 나를 바래다주겠다며 따라 나선다. 숙소 앞에서 초인종을 누르는 순간 어떤 깨달음이 왔다. 밤을 새워 춤을 추고 난 뒤의 아침이다. 나의 룸메이트들은 세상 모르고 잠이 들어 있을 것이다. 역시 대답이 없다. 해는 어느새 중천이고 나는 불안한 마음에 피곤함까지 몰려와서 그대로 주저앉았다. 디마가 걱정스레 묻는다.

"우리 숙소가 멀지 않으니 그쪽으로 갈래? 너를 이 거리에 혼자 둘 수는 없어."

디마와 친구들이 묵는 숙소는 멀지 않은 곳에 있었고 꽤 넓었다. 빌뉴스, 민스크, 바르샤바에서 온 열여섯 명 정도의 친구들이 단체 할인을 위해 행사를 같이 신청했고 숙소도 한 곳으로 잡았다고 한다. 공원에서 함께 있었던 그들이 다시 우리를 반긴다. 디마가 자기 친구들은 나를 기다리고 있는데 왜 네 친구들은 먼저 잠들었냐며 나를 놀린다. 친구들에게 연락 올 때까지 편히 있으라며 아침을 차려주는 그에게 너무 고맙다고 했더니 그가 대답한다.

"고맙긴, 아마 내가 너 같은 입장이 되었더라면 너도 나처럼 행동했을 텐데 뭐… 아닌가?"

나는 고개를 끄덕이며 그가 끓여준 차를 한 모금 마셨다. 뱃속에서 부터 몽글몽글 따뜻한 기운이 퍼지는 게 느껴진다. 다른 디마(이 방에는 디마라는 이름을 가진 이가 둘 있었다)가 한국의 스윙신이 크다는 건 알고 있다고 유투브를 통해 볼 때마다 퀼리티 또한 발전하고 있다는 것에 놀란다고 말을 건다. 블루스 신도 그만큼 큰가 궁금해 한다. 리투아니아 블루스 신의 오거나이저인 그는 다른 나라의 블루스 신에도 관심이 많았고 덕분에 춤에 대해 많은 대화를 나눌 수 있었다. 무엇이 블루스인가에 대한 고민은 블루스를 추는 댄서들의 공통 관심사인가 보다. 그는 블루스 음악을 입으로 연주하며 블루스 리듬이 만들어내는 묵직하고 바닥에 끌리는 듯한 느낌을 설명해줬다. 우리의 대화는 동이 틀 때까지 계속되었는데 트레디셔널 블루스와 퓨전 음악의 수요를 어떻게 조정할 수 있을까에 대한 이야기가 나올 때쯤 나는 그들의 침대 중 하나를 차지하고 잠이 들었다. 잠결에 침대 주인 앙드레가 조심스럽게 자기 옷을 꺼내가는 걸 느끼고 깼다. 내가 미안하고 말하고 일어나려 하자 앙드레는 오히려 잠을 깨워 미안하다고 자기는 다른 침대에서 자면 된다고 서둘러 나간다. 일곱 난쟁이 집에 침입해 그들의 침대에 잠들어 버린 백설공주가 된 기분이었다. 무례한 행동일 수 있었는데 가련하게 봐주어 편히 쉬다 집으로 무사히 돌아갈 수 있었다.

리투아니에서는 매년 여름 블루지라라는 이름의 블루스 캠프가 열리는데 이날의 인연으로 다음해 그곳에 다녀왔다. 빌뉘우스에 온 나를 두고 디마가 믿어지지 않는다며 어떻게 올 수 있었냐며 물었다.

"네가 날 초대했고 난 그때 가겠다고 했잖아. 그래서 온 거지"
"심플하네."
"응. 약속을 지키고 싶었거든."

—— 소리아

새벽길의 카푸치노, 이곳에서 커피를 시키면 꼭 이렇게 잔에 넘치게 담아주더라.

\# 디마가 차려준 아침 식사. 익숙한 재료인데 어딘가 낯설다.

\# 디마 일행이 떠나기 마지막 날, 어느새 친구가 되어 함께 관광을 다녔다.

캄프 누, 축구 덕후 추야의 작은 일탈

난 행사 도중 FC 바르셀로나의 경기를 보기위해 수업 한 개를 포기하고 경기장에 갔다. 사실 수업이 재미있어서 아쉽지만 어쨌건 예매한 티켓이 내 손에 있으니까. 캄프누가 있는 역인 콜블랑Collblanc역을 향해 지하철을 탔다 역시나 레플리카를 입은 축덕들 덕분에 길을 못 찾을 염려는 없었다. 그리고 이젠 바르셀로나에 머문 지 일주일, 이동은 더 이상 나에게 걱정이 되지 않았다.

앞에 내가 FC 바르셀로나 홈페이지에서 축구장 맨 앞자리를 싸게 샀다고 말을 했던가? 이게 얼마나 축알못인 상황인지 난 캄프누에 도착하니까 알게 되었다. 맨 앞자리에 앉으니 경기가 어떻게 흘러가는지 전혀 안 보인다. 게다가 내가 산 자리는 FC 바르셀로나 서포터즈들이 사는 자리였던 것. 다들 레플을 입고 있었다. 축덕 사이에 낀 일반인의 기분이 이런 걸까. 뭔가 굉장히 뻘쭘한 상황인데 그라운드 가장자리에는 난동을 대비한 경찰들이 삥 둘러서있다. 한2~3미터 거리에서 경찰들과 마주 앉아 있는 그 미묘한 어색함. 난 진짜 동공지진이란게 뭔지 지금 알 것 같았다.

선수들이 입장하고, 경기 시작 전에 응원가를 부르기 시작했다. 수백 명이 부부젤라를 불고 북을 치고 깃발을 휘날리

는 장면은 정말 장관이었다. 응원가 부르는 서포터즈들이 너무 멋있어서 영상을 찍어 두었다. 수백 명이 함께 부르는 응원가와 연주는 압도적인 기분을 느끼게 해줬다. 게다가 그 커다란 캄프누를 가득 채운 사람들의 함성소리가 쩌렁쩌렁 울릴 때 소름이 돋았다.

내 옆자리는 애기 축덕들이 앉았다. 한 6~7살쯤 되는 애기 축덕 10여명이 몰려있는데 정말 너무 귀여웠다. 잘하면 열정적으로 환호하고 못 할 땐 말은 못 알아듣지만 제스처만 봐도 욕임을 알 수 있는 동작들을 했다. 아기들도 이렇게 격렬한 반응이니 정말 여기는 남녀노소 할 것 없이 축구를 좋아하고 즐기고 있구나.

맨 앞이라 좋은 점은 정말 가까이서 경기를 볼 수 있어서 상상 이상의 생동감을 느낄 수 있다는 것. 하지만 나머지는 다 단점이었다. 경찰과 마주 앉아 있다는 뻘쭘함, 경기 진행 상황이 하나도 안 보이는 답답함. 애기 축덕들 대여섯 명 빼고 내 주변이 텅텅 비어 있을 만도 했다. 다음에 또 갈일이 있다면 돈을 좀 더 주더라도 좋은 자리에 앉겠다고 생각했다.

처음 경기가 시작하고 얼마 안 있어서 에이바르가 먼저 골을 넣었다. 그래서 '오오 흥미진진 하다'라고 생각하는 순간 바르셀로나의 수아레스가 내리 세골을 넣었다. 헤트트릭이었다. 에이바르는 격렬하게 경기했지만 한 명 퇴장 당하기까지 한 FC 바르셀로나를 못 이기고 그렇게 경기가 끝났다. 솔직히 SD 에이바르 선수들은 잘생겼는데 FC 바르셀로나에는 기억에 남는 훈남이 없었다. 얼굴로는 SD 에이바르 압승. 그래도 네이마르와 수아레스의 활약을 가까이서 본 걸로 위안을 삼기로 했다.

  호날두의 활약을 본 마드리드에 비해 애기 축덕만 보고 메시도 못보고 돌아온 캄프누는 왠지 모를 아쉬움이 길게 남아버렸다. 아쉬움에 뭔가 기념품이 사고 싶어져서, 수건을 사려고 갔는데 내 수중에는 10유로 밖에 없는데 갖고 싶은 수건은 15유로…. 슬픔을 뒤로하고 겨우내 알차게 사용할 수 있을 것 같은 FC 바르셀로나 로고가 박혀있는 장갑 한 켤레를 샀다. 숙소로 돌아오는 지하철 안에서 장갑을 껴봤는데 별로 안 따뜻해서 좀 실망했다.

—— 추야

마지막날을 누드 비치에서 보내게 될 줄이야

마리스코(해산물찜)가 먹고 싶다고, 꼭 먹고 싶다고 여행 책자를 뒤적일 때 마다 추야가 군침을 흘린다. 바르셀로나에 왔는데 이건 꼭 먹어봐야 하지 않겠냐고 우리를 설득한다. 가격이 비싸서 계속 망설이다가 여행의 마지막 날 가보기로 했다. 그래도 아끼고 아낀 덕에 유로가 조금은 남았던 것이다. 바르셀로나에 와 있던 친구에게 부탁해 괜찮은 레스토랑을 추천받고 위치를 확인한 후 지하철을 타고 그곳으로 향했다.

홈페이지를 통해 미리 사진을 보니 유리벽 너머로 탁 트인 바다가 보이는 전망이 근사한 식당이었다. 부푼 기대를 안고 지하철에서 내려 물어물어 해변으로 향했다. 하늘이 파랗고 바다도 파랗다. 눈부시게 빛나는 햇빛이 파도에 부딪혀 부서져 내렸다. 캬~ 감탄사를 내뱉으며 해변에서 수영하는 사람들을 구경하는데 잠깐…. 눈을 비비고 다시 봐야 했다. 멀리 있어 분명치는 않았지만 우리가 걷고 있는 이 해변은 말로만 듣던 누드 비치였던 것이다. 그리고 그 해변 바로 옆에 우리가 가려던 레스토랑이 있었다.

레스토랑 내부는 사진보다 더 근사했다. 사방이 유리로 되어 있어 어디에 앉아도 탁 트인 바다를 볼 수 있었다. 오후의 해가 깊숙이 들어왔고 하늘도 바다도 투명한 푸른색으로 빛났다. 음식을 주문하고 기다리는 동안 감상에 젖어 주변을 둘러보았다. 여행의 마지막 날을 장식하기에 더할 나

위 없이 근사한 곳이었지만… '밥 먹고 해변에 가자!' 나와 화란의 관심은
다른 곳에 있었다.

　　"정말 누드로 거기 있을 거야?"

　　"응, 나 한번 해보고 싶어. 수영복을 입지 않고 수영하면 정말 자유로
　　운 느낌일 것 같아!"

　　화란의 의외의 굳은 결심에 좀 놀랐다. 한 달 간의 여행으로 우리가 조
금은 변했나 싶었다. 자유를 원하면서도 저도 모르게 스스로를 가두었던
어떤 벽 하나가 허물어진 느낌이었다. 꽤 오랜 시간이 지나고 나서야 주문
한 음식이 나왔다. 우리가 주문한 음식은 토마토소스 바게트와 빠에야, 해
산물 찜. 각각이 2인분 정도 되는 양이란다. 그런데 2인분씩 음식 세 개를
시키면 6인분이 아닌가. 해산물 찜을 두고 어느 정도 시켜야 될지 고민하
자 웨이터가 "하프?"라고 말한다. 오 우리가 원하는 게 바로 그거라고 고
개를 끄덕였다. 반접시도 주문이 되나 보다. 토마토 바게트는 가볍게 해
치우고 해산물 찜을 기다렸다. 이윽고 신선한 해산물이 담긴 커다란 접시
가 나왔다. 어찌나 커다란지 테이블 하나를 가득 채울 정도였다. 생각보다
양이 많아서 우리가 이걸 다 먹을 수 있을지 고민할 정도였는데 해산물찜
한 접시가 하나 더 나왔다. 어떻게 된 거지? 계산서를 보니 해산물찜 1 1/2
라고 적혀있다. 아까 웨이터가 했던 말은 '원 앤 하프?(한 접시에 반 접시
를 더해줄까?)'였나 보다. 처음엔 이걸 어떻게 다 먹어야 할까 고민했는데
곧 괜한 걱정이었음을 깨달았다. 재료 하나하나가 너무 싱싱해 그 자체로
단 맛이 난다. 해산물을 즐기는 편이 아니었는데도 손가락을 쪽쪽 빨며 먹

스페인 & 프르투갈에 춤추러 가자

었다. 어쩜 이렇게 맛있지! 메뉴판에 아래에는 이런 문구가 적혀 있었다.

"본 식당은 당일 우리 배에서 잡아 올린 고기로만 요리합니다."

해산물 찜을 싹싹 긁어 먹고 배를 두드리고 나서야 주문한 빠에야가 아직 나오지 않았다는 걸 눈치 챘다. 더 먹을 수는 없을 것 같아 포장해 가기로 했다. 포장하기 전에 맛은 봐야지 하고 한 숟갈 떠먹었는데 이미 배가 불렀던 탓인지 그렇게 맛있지가 않았다. 추야 말로는 스페인은 고급 식당일수록 음식에 소금을 많이 쓰고 빠에야의 쌀은 식감이 느껴지도록 덜 익힌다고 한다. 웨이터를 불렀다. 여기도 음식을 포장해 주려나 고민하는데 화란이 거침없이 배를 볼록하게 하는 손동작을 하면서 "이너프! 테이크 어웨이!"라고 말한다. 웨이터는 고개를 끄덕이더니 플라스틱 통을 가져와 보여 준다. 포장을 위한 일회용 용기가 아니라 주방에서 쓰던 통을 비워 온 것 같았다. 이렇게 포장해 가는 사람이 많지는 않은가 보다.

다음 날 아침 비행기를 타기 위해 새벽에 일어나야 했는데 떠나기 전 든든하게 먹어야 한다고 추야가 포장해 온 빠에야를 끓여줬다. 냉장고에 남았던 야채를 다져 넣고 물을 좀 더 부어 푹 끓인 탓에 식당에서 먹었던 것처럼 짜거나 딱딱하지도 않았다. 생선의 짭조름한 소금기와 기름이 쌀에 적당히 잘 베어 씹을수록 고소했다. 태어나 이제껏 먹은 가장 맛있는 어죽이었다.

식당에서 음식을 기다리느라 꽤 오랜 시간을 보낸 덕에 계산을 하고 밖으로 나오니 강렬한 해가 한커풀 꺾였다. 하늘은 여전히 파랬지만 바람이 거셌고 쌀쌀했다. 누드 비치에서 누드로 수영하려고 했던 결심도 자연스럽게 꺾였다. 난 정말 한번쯤 해보고 싶었지만 날씨가 허락해 주지 않는다며. 수영하던 사람들도 거의 빠져나가고 없었다. 모래사장에 한가롭게 드러누워 책을 읽는 사람들과 사랑을 나누기에 여념이 없는 커플만 있을 뿐이었다. 우리도 그 가운데 자리 잡았다. 조금 쌀쌀했지만 모래사장 한 가운데 드러누워 하늘을 바라보는 게 좋았다. 바르셀로나에 열흘이나 묵었는데도 알만한 관광지는 안 가본 곳이 더 많았지만 그래도 여행의 마지막 날을 이렇게 여유 있게 보내는 것도 꽤 괜찮은 일이라는 생각이 들었다.

따로 있던 추야가 돌아와서 셋이 바닷가를 걷고 있는데 한 남자가 다가와 카메라를 내밀며 사진을 찍어 달라고 부탁한다. 카메라를 건네받았더니 바닷물 속으로 들어가 그럴듯한 포즈를 잡는다. 우리가 찍어준 사진을 꼼꼼히 확인하며 몇 번이고 다시 찍어 달라고 하더니 마지막에 찍은 사진이 마음에 들었는지 함박 웃으며 오케이라고 한다. 우리도 그에게 사진을 부탁했다. 남자는 우리 보고 좀 더 뒤로 가 보라고 말하며 다양한 각도로 열성적으로 찍어준다. 그렇게 건진 여행의 마지막 날 우리 셋의 사진!

—— 소리아

지나가던 청년이 열정을 다해 찍어준 셋의 단체 사진

컬쳐쇼크, 뻥 뚫린 누드 비치라니

길다면 길고 짧다면 짧은 여행이 끝나는 날이 되었다. 안 가본 바르셀로나의 좋은 곳들이 많았지만, 꼭 다 가야 할 필요는 없다는 생각이 들었다. 언제나 인생은 선택의 연속이었으니까. 우리가 선택한 곳들을 우린 충분히 즐겼으니까 그걸로 좋은 것. 못 가본 곳은 인연이 아니라면 그것도 그대로 좋은 것. 마지막 날 우린 친구에게 추천받은 레스토랑 부Boo에 가기로 했다. 지하철을 타고 내려서 바닷가를 향해 걸어갔다. 너무 맛있어 보이는 빵집이 있어서 먹을까 하다

"나중에 먹지 뭐." 했더니 소리아가
"이젠 못 먹어. 지금 아니면 끝이야"라고 했다.

맞다. 이젠 여행이 끝이다. 길을 되돌아가는 것을 지독하게 싫어하는 내가 다시 되돌아가서 동전을 털어서 빵을 샀다. 2유로에 5개. 꽈배기같이 생긴 빵인데 튀기지 않고 구운 후 슈가 파우더를 잔뜩 뿌렸다. 딱 예상한 만큼 맛있었다. 빵을 봉투에서 꺼내 씹으면서 문득 생각해봤다. 난 하고 싶은 것도 하기 싫은 것도 다 미뤄두는 습성이 있다는 걸 발견했다. 좋아하는 것이 많은데도 해야 한다고 생각하는데도 잘 안한다. 지금 해야 할 일은 돈 되는 일이거나 실력을 키워야 하는 일들이기 때문에 다른 일을 지금 하는 건 시간낭비라 생각해서

내가 나를 막았고. 나를 발전시켜 줄만한 일이지만 스트레스를 받게 되는 일은 스트레스 받는다고 미뤄놓는다. 살기위해 해야 할 것만 겨우 하면서 사는 인생이었던 거 같다. 이 여행도 돈이 없다는 이유로 시작을 망설였다. 돈을 벌어서 가겠다고 미루려 하는 나의 등을 밀어준 소리아와 함께 일을 저질러준 화란에게 마음 깊은 곳에서 감사를 전하고 싶다.

천리길도 한 걸음부터라고 지금 이 여행이라는 작은 저지름을 시작했다. 나는 다음에는 좀 더 많은 것을 저지를 수 있겠지. 이제껏 제자리에서 엉덩이 뭉개면서 살았지만 앞으로는 조금 더 앞으로 걸어갈 수 있지 않을까.

부에 들어가기 전에 해변에 반쯤 벗은 여성들이 돌아다녀서 '여기는 가슴 정도는 내놓고 다니나보다 신기하다' 하고 가볍게 생각했었다.

"우리도 해볼까?" 화란과 소리아가 말했고,
"엑! 난 못해!" 내가 외쳤다.

부에서의 식사는 맛있었는데 양이 너무 많아서 과식을 해버렸더니 잠이 쏟아졌다. 과식으로 인한 식곤증 때문에 갑자기 눈이 뻑뻑해져서 바닷가 산책을 하자던 친구들을 먼저 보내고 난 바닷가에 우산을 펴서 햇빛을 가리고 누웠다. 순식간에 스르륵 잠이 들었는데 한 30분 잠들었을까, 눈을 부스스 뜨고 일어났는데 난 눈을 의심했다. 내 주변에 모든 사람들이 탑리스가 아니고 전체를 벗고 있었다. 게다가 우산 펴고 자고 있는 나를 사람들이 구경하고 있는 게 아닌가? 난 당황했다. 정말 1미터 전방에서 덜렁거리며(?) 지나다니는 수명의 사람들이 눈에 들어왔다. 내가 꿈을 꾸고 있나 싶었다.

벌떡 일어나서 짐을 챙기는데 아까 부에서 배불러서 못 다먹고 싸온 빠에야 통에서 국물이 새어 나왔다. (스페인에 락앤*을 수출해야 한다!) 가방에 새고 우산에 묻고 난리가 나서 알량하게 두어장 갖고 있던 휴지로 쓱쓱 문지르고 일어났다. 짐을 부랴부랴 챙겨서 친구들이 간 방향으로 걸어서 내려갔는데 금방 친구들과 만났다. 친구들은 재밌어 하면서 슬슬 깨우러 갈 참이었다고 말했다.

난 이렇게 뚫린 곳에 누드 비치가 있다는 걸 믿을 수가 없었다. 당연히 누드 비치라 하면 숲에 둘러싸여서 좀 폐쇄적 공간에 있을 거라고 생각하고 있었지 도시 한가운데에 구간만 나눠져 있을 거라고 난 상상도 못했다. 누드 비치에 대한 고정관념이 깨지는 순간이었다. '그래 뭐 굳이 꼭꼭 숨어서 누드 비치가 있어야 할 필요가 있나 뭐?' 어디서든 사람은 자유로워질 권리가 있으니까. 도리어 누드 비치를 숨겨서 만드는 건 존재 의의에서 벗어날 수도 있겠다는 생각이 들었다. 하지만 아직도 모험에 나를 던지지 못하는 나이기에, 몸에 자신감이 없는 나이기에… 올 누드를 해보지는 못했다.

마지막 날은 못 다한 쇼핑을 하고 밤의 시체스 해변을 걸었다. 누드 비치에서부터 람블라스 거리까지 오랜 시간을 걸었다. 다른 날들보다 바르셀로나의 매력이 더 다가온 날이었다. 바르셀로나는 생동감 있고 아름답고 상업적이고 자유로운 그런 도시였다. 조금 산책하고 있는데 우리의 마지막을 장식해주려는지 바닷가에서 불꽃놀이가 시작되었다. 펑펑 소리를 내며 터지는 불꽃이 화려하게 마지막 밤하늘을 빛내주었다. 새빨간 꽃처럼 피어나는 불꽃을 보며 난 생각했다. 지금보다 조금만 더 화려하게 살았으면 좋겠다고. ── 추야

\#   바닷가에 위치한 부 레스토랑. 메뉴판 상단에는 우리는 오늘 우리 배에서 잡은 고기로만 요리합니다.라고 자랑스럽게 적혀 있다.

\#   반접시만 주문하려 했는데 한 접시 하고도 반접시를 더 주문해 버린 마리스코

바르셀로나를 떠나며

우리는 바르셀로나에서 열흘을 머물렀지만 못 본 것 투성이었다. 몬주익도 가지 못했다. 마지막 날이라도 가려고 했지만, 우리 셋은 지칠 대로 지쳤다. 그런데 마지막 날 이른 아침, 웬일인지 잠이 깼다. 나와 추야가 늦잠을 자는 사이에 종종 아침 산책을 나갔던 소리아가 아침 햇살을 받은 사그라다 파밀리아가 이쁘다면서 같이 나가자고 했다. 다른 날 같으면 성당은 내일도 그곳에 존재하니까 다음날로 미루겠지만, 오늘은 그럴 수 없었다. 이곳 숙소에 머물러서 가장 좋은 것은 아침저녁 오고가며 사그라다 파밀리아를 매일 봤다는 것이다. 성당이 전체가 잘 보이는 공원 뒤쪽으로 가 아침 햇살을 받은 사그라다 파밀리아를 바라보았다. 사그라다 파밀리아는 황금색으로 빛나고 있었다. 조금만 더 일찍 나왔다면 더 빛나는 사그라다 파밀리아를 만났었을 텐데 하는 아쉬움이 들었다. 우리는 떠나기 전 게으른 여행을 하기로 했다. 나도 그 말에 동의하면서 그들의 행동에 맞춰 여행을 했다. 하지만 나는 여행 중 게으름을 피우면서 하나 둘 놓치는 부분들이 아쉬웠다. '게으르다'의 사전적 의미를 찾아봤다. 행동이 느리고 움직이거나 일하기를 싫어하는 성미나 버릇이 있다는 뜻이다. 딱 내가 지닌 행동을 옆에서 관찰해서 적어 놓은 것 같다. 이렇게 게으르면서 놓친 아쉬운 부분은 다음 여행을 위해 남겨 뒀다고 생각하자. 다음 여행은 행동이 느긋하고 여유롭게 움직이며 일은 좀 적당히 하는 게으른 여행이 되야지.

마지막 날을 기념하기 위해, 근사한 식당에서 맛있는 것을 먹기로 했다. 소리아의 친구가 해변이 보이는 맛집으로 추천해준 〈레스토랑 부〉으로 갔다. 추야가 스페인에 왔으니 마리스코와 빠에야를 꼭 먹어야 한다고 해서 추천받은 식당이다. 해산물 음식을 즐기지 않는 나로서는 해산물맛이 맛있어 봤자 해산물 맛이겠거니 생각했다. 그래도 스페인을 맛으로도 기억하자는 생각에 추야가 추천하는 음식을 먹기로 했다.

바르셀로나에서 새파란 바다는 처음이었다. 항상 해변으로 올 때마다 날이 흐리고 추웠다. 바르셀로나에서 수영을 하기 위해 수영복도 챙겨왔는데 수영을 한 적은 없었다. 친구가 말하길 바르셀로나가 이상기온으로 계속 춥다고 했다. 하얀 건물의 식당이 파란 바다와 함께 그림같이 보였다. 평일 낮이라 사람이 그다지 많지 않았다. 웨이터에게 마리스코와 빠에야 그리고 와인을 주문했다. 마리스코 양을 알 수가 없어서 마리스코 한 접시를 시키면 세 명이 먹을 수 있는 양이냐고 물어 봤는데, 웨이터는 한 접시에 더해서 한 명 분을 더 추가해 두 접시를 들고 왔다. 산 같이 쌓인 마리스코를 보고 기겁을 했다. 무를까도 싶었지만, 그 말을 어떻게 전달할지 난감했다. 우리는 그냥 먹기로 했다. 나는 배가 고파서 위장을 채운다는 생각에 먹었는데, 아니 이럴 수가 내가 먹던 해산물 맛이 아니었다. 비리고 냄새나는 해산물이 아니라 정말 신선하고, 고소함이 입안에 가득 찼다. 사람들이 바다의 맛이 난다고 할 때마다 그 말에 속아 먹어 보면, 비려서 구역질을 삼켰는데 이 마리스코는 정말 바다의 맛을 가득 담고 있었다. 와인과 함께 먹으니 더 환상적이었다.

저녁에는 그동안 미뤘던 쇼핑을 하기 위해 시내에 있는

\# 멀리서 불꽃이 피어오르더니 수십 개의 별이 쏟아지고 이내 하늘이 화려한 색으로 물들었다. 내일이면 바르셀로나를 떠나야 한다는 게 더 아쉽게 여겨졌다.

엘 코르테 잉글레스El Corte Ingles 백화점으로 갔다. 스페인
에서의 즐거움이 질 좋은 제품을 저렴하게 살 수 있다고
해서, 그동안 굳게 닫혀 있는 지갑을 열었다. 길거리를 오
가며 예쁜 부츠가 유난히 눈에 들어와 부츠를 한 켤레 장
만했다. 생각보다 쇼핑이 일찍 끝나 백화점을 더 둘러 보
기로 했다. 주방 코너에 올라가 구경만 하려고 했는데, 짙
은 갈색의 나무 후추통이 눈에 들어왔다. 요리 프로에서
후추를 갈아 넣는 모습을 보면, 내가 만든 요리도 더 맛있
어 질것 같아 하나 사고 싶어 했었다. 여러 종류가 있었
지만 나무 후추통보다 마음에 드는 것이 보이지 않았다.
여행 막바지라 남아 있는 돈이 별로 없어 망설였다. 게다
가 후추통 밑을 보니 프랑스에서 만든 제품이었다. 스페
인을 기념하기 위해 사러 왔는데, 스페인에서 만든 것도
아니고 후추통으로 뭐가 기념이 될까 싶은 마음에 포기
했다. 그렇게 마음먹었는데도 자꾸 후추통을 만지작거렸
다. 그런 나를 보더니 소리아가 대뜸 내가 그 후추통을 사
면 파티에서 만났던 프랑스 남자와 무슨 인연이 닿을지
도 모른다고 하면서 나의 마음을 흔들었다. 프랑스 산 후
추통을 사는 것과 그 남자와는 아무런 상관이 없다는 걸
알면서 소리아의 말에 설득을 당해 후추통을 샀다. 카운
터 직원이 "Best, Best, Good, Good!"을 연달아 외치며
친히 어떻게 사용하는지 후추통을 돌리며 알려 주었다.
아마 멀리서 망설이고 있던 나를 지켜보고 제품을 잘 샀
다는 말을 하고 싶었던 모양이다. 후추통은 파티 때 만

났던 프랑스 남자의 이름을 애칭으로 지어주면서, 스페인을 기억하게 해주는 최고의 기념품이 되었다. 후추와 소금으로 삼겹살에 밑간을 할 때마다 이때가 기억난다.

우리는 집으로 도착해서 짐을 싸기 시작했다. 몸이 너무 피곤할 때는 당장 한국으로 돌아가고 싶었는데, 막상 떠나려고 하니 못하고 간 것들이 너무 많았다. 빨리 집에 가고 싶다는 생각과 집에서 송금을 부탁해서 다른 나라로 또 떠나고 싶은 마음이 왔다갔다 했다. 셋이 큰 싸움 없이 여행을 마칠 수 있어서 친구들에게 제일 고마웠다.

멀리 이동할 생각을 하니 또 불안증이 올라왔다. 비행기를 놓치면 안 되니까 공항에 일찍 가자고 했다. 친구들은 나의 불안을 안심시켜주기 위해 첫차를 타고 공항으로 가기로 했다. 나는 일찍 일어날 자신이 없어 밤을 새려고 했지만, 어느 순간 잠이 들어 알람 소리에 깼다. 추야는 밤을 새고 전날 식당에서 가지고 온 빠에야로 아침식사를 준비하고 있었다. 나는 아침을 잘 먹지 않지만, 추야의 정성을 생각해 조금만 먹기로 했다. 막상 먹기 시작한 빠에야는 어제의 그 맛이 아니었다. 죽같이 더 오래 끓인 빠에야는 내 입맛에 딱이었다. 하루가 지났는데도, 비릿 맛이나 군내 하나 없이 맛있었다.

메트로 첫 차를 타기 위해 길을 나섰다. 아직 메트로가 다니기에는 이른 시간이었지만, 사그라다 파밀리아 성당을 조금 더 보고 가기 위해 일찍 숙소에서 나왔다. 해가 뜨지 않은 새벽은 쌀쌀하고 추웠다. 어둡고 조용한 길은 우리가 끄는 캐리어의 바퀴소리만 요란했다. 성당이 보이는 벤치에 앉아 성당을 바라보았다. 지난 여행이 꿈만 같았다. 현실감이 느껴지지 않아 계획했던 여행을 다시 시작해야만 할 것 같았다.

비행기 좌석에 앉아서야 불안했던 내 마음에 평화가 밀려왔다. 아 무사히 탔구나. 승무원이 표를 확인했으니 이 비행기가 아프리카로 가지는 않을 것이라는 믿음이 생겼다. 그렇게 무사히 갈 줄 알았는데, 엉뚱하게 뮌헨에서 작은 일이 벌어졌다. 비행기표를 예매한 소리아가 우리 짐이 바로 서울로 가는 것인지, 이곳에서 찾아 다시 보내야 하는 것인지 확인하고 온다고 했다. 그런데 소리아가 기다려도 오지 않아, 나는 소리아를 찾으러 갔다. 소리아가 유리벽 너머에 서 있었다. 찾아서 다행이다 싶어 출구를 나가는데 기분이 싸했다. 그곳은 수하물 찾는 곳으로, 나가면 되돌아 올 수 없게 되어 있었다.

나와 소리아는 다시 출국심사대를 거쳐 탑승구로 들어왔다. 생각지도 않게 독일 공항 이곳저곳을 배회하면서, 많은 공항 남자 직원들을 만나게 되었다. 여행하는 동안 심장이 뛰지 않던 내 심장이 뛰기 시작했다. 그렇게 갈망했던 내 스타일의 남자들을 이곳에서 보게 되다니! 갑자기 한국으로 돌아가기보다 독일을 여행하고 싶은 마음이 생겼다. 내 마음은 늙은 것이 아니라 내 스타일의 남성을

만나지 못한 것이다. 다음에는 베를린 블루스 행사를 가
야겠다는 강력한 동기가 내 마음에 타올랐다. 다음엔 꼭
첫 단추를 제대로 채우며 여행해야지. —— 화란

선물사기, 짐싸기, 그리고 마지막

이것저것 샀기 때문에 짐이 늘어나서 캐리어에 다 담기지 않았다. 우리가 자주 가던 마트 메르카도나에서 장바구니를 샀다. 접혀 있을 땐 작았는데 펼치니까 이제껏 산 기념품이 충분히 들어가고 남을 크기의 가방이어서 뿌듯했다. 사실 자잘하게 물건을 사기 시작하니까 캐리어는 이미 만석, 백팩도 만석이었다. 자잘한 물건을 담으니 처음에 왔을 때에 비해 오버된 물품이 딱 메르카도나 장바구니를 채울 만큼이었다.

며칠 전 보케리아는 한번 들어갔다가 사람에 깔리지 않을까 싶어서 아무것도 못 사고 나왔었다. 언제 시장 쇼핑을 가나 생각하다가 며칠 전 소리아의 친구와 만나서 그녀의 안내로 니노뜨Ninot 시장에 가게 되었다. 여긴 한산하고 물건도 많았다. 게다가 지하엔 메르카도나 마트가 있어서 쇼핑하기 아주 편리했다.

바르셀로나엔 큰 시장이 여러 개 있는데 보케리아는 관광객이 제일 좋아하는 시장이라 사람이 너무 많으니까 여유롭게 물건을 사려면 다른 곳으로 가는 게 좋다.

니노뜨에서 사려고 했던 물건들은 하몽과 치즈. 우리는 카탈루냐어를 잘하는 소리아의 친구 덕에 무사히 쇼핑을 했다. 니노뜨 시장 입구에 있는 치즈와 하몽가게에서 유쾌한 아저씨를 만나 와인도 얻어 마시면서 신나게 이야기를 했다. 그중에 제일 재밌었던 기억은 그 아저씨가 우리가 3명인걸 보더니 자기 아들이 3명이니 결혼해서 여기서 살라는 이야기를 해서 크게 웃었던 기억이 난다. 못 알아들었지만 정황상 아들들이 우리보다 매우 어릴 듯. 역시나 카탈루냐인답게 상인 마인드로 똘똘 뭉친 아저씨는 우리에게 비싼 하몽을 권했는데, 자기가 파는 하몽은 하몽 세라노(백돼지 하몽)인데 외국에서 유명한 하몽 이베리코(흑돼지 하몽)보다 훨씬 맛있다고 강력추천을 하셨다. 우린 아저씨를 믿고 하몽 세라노를 사왔는데 아저씨의 자부심만큼 기름지고 맛있었다.

치즈와 하몽, 친구들 나눠줄 치즈, 만자니아 티, 빠에야 믹스 향신료 등등을 구입했다. 기념품은 줘봐야 별로 쓸모없지만 음식을 사면 만나서 함께 나눠먹으면서 많은 이야기를 할 수 있으니 더 이득이라고 난 생각한다.

출발 전날, 집으로 돌아오기 위해 짐을 싸면서 여행을 함께한 운동화를 버렸다. 사실 버리고 가려고 신고 온 낡은 운동화인데 막상 버리려니 좀 아쉬웠다. 함께 여행을 한 동지를 놓고 오는 기분이었다. 하지만 넣을 곳도 없고 돌아가서 신기엔 너무 낡았으니까. 또 아까 빠에야 국물 묻은 화란 씨의 우산도 버렸다. 너무 진한 냄새가 배서 회생불가 판정을 받았다. 쇼핑할 때 받은 예쁘고 고급스런 쇼핑백들도 버리고, 우리가 먹다 다 못 먹은 원두커피가루나 빵 과자도 버렸다. 가져갈 수 없는 것들을 버리고 이제 여행자가 아닌 우리에게 필요하지 않은 것들을 버렸다. 이제 진짜 떠날 때가 된 것이다.

비행기에서 자면 되니까 잠을 자지 않고 밤을 보냈다.

짐을 덜 싼 게 아닐까 몇 번씩 확인했다. 두 번 세 번 확인하고 마지막으로 냉장고를 털었다. 이제껏 밥을 해먹었던 재료들, 감자나 마늘 양파 등등을 다 썰어서 쏟아 넣고 아까 싸온 빠에야를 넣어서 다시 끓였다. 원래 빠에야는 쌀에서 심이 아작하고 씹히게 먹는데 이건 내 입맛에 정말 안 맞았다. 끓이다 만듯한 맛. 야채를 추가해서 푸욱 끓이니까 딱 야채 생선죽 맛이 났다. 친구들을 깨워서 마지막 만찬을 즐기고 설거지를 하고 짐을 정리하니 출발 시간에서 한 시간여가 남았다. 어느 여행도 여행의 마지막은 이렇게 아쉽겠지. 이번 여행만 이렇게 아쉬운 것은 아닐 거다.

출발시간이 남았지만 밖으로 나왔다. 나는 건너 공원에서 사그라다 파밀리아를 바라보는 뷰가 궁금했다. 연못에 건물이 비쳐서 아름답다는 이야기를 둘이 나누는 걸 들었다. 나만 못 봤기에 살짝 걸어 들어가서 바라봤는데 연못에 비친 새벽의 사그라다 파밀리아는 정말 아름다웠다. 계속 바라보고 싶을 만큼.

근데 감상에 젖어있는 나에게 어떤 아저씨가 소리를 질러댔다. 노숙자인가 하고 엄청나게 무서웠는데 옷차림새를 보니 순찰 중인 경찰이었던 듯. 말은 하나도 못 알아들었지만 아마 이 시간에 공원에 있으면 안 된다는 말을 하는 것 같았다. 왜냐면 나 말고도 바라보고 있던 사람들이 대여섯 명 있었는데 다 따라다니면서 뭐라고 했기 때문에.

경찰 땜에 놀라서 감성에 더 젖기는 틀려 버렸고. 나는 다시 친구들에게 돌아가서 깜짝 놀랐다고 투덜거리면서 첫 지하철을 타러 지하철역으로 갔다. 우린 공항버스 정류장에 앉아서 차가운 공기를 마시며 공항버스를 기다렸다. 차가운 바람이 내 이번 여행이 끝났다는 걸 알려줬다. 문득 여행 시작 전에 이야기 했던 지켜야 할 것 들을 다시 생각해 봤다. 우린 대충 다 잘 지키면서 여행을 해 왔던 거 같다. 정말로 괜찮은 여행이었다.

미남은 생각만큼 못 봤지만.

이제 다시 일상은 시작될 거고 나는 다음 여행을 준비하겠지.
—— 추야

뮌헨 공항에서 일행을 놓치다

바르셀로나에서 출발한 루프트한자 비행기는 뮌헨 공항을 경유해 인천 공항으로 날아간다. 경유시간은 3시간 정도, 공항에 도착해 사람들을 따라 내렸다. 짐 찾는 곳으로 가는 길과 환승하는 곳으로 가는 갈래 길에서 갑자기 환승 전 짐을 찾아 다시 부쳐야 하는 것인지 궁금해졌다. 나는 혹시 모르니 확인해 보고 오겠다고 일행과 떨어져 짐 찾는 곳으로 가봤다. 표지판을 찾아 긴 복도를 걷는데 유리문이 나왔고 그 너머로 짐 찾는 곳 표시가 보였다. 아무 생각 없이 묵직한 유리문을 밀고 들어서는데 어딘지 불길한 기분이 들었다. 짧은 복도가 하나 더 나왔고 너머에 유리문이 하나 더 있었다. 가만히 서 있으면 양쪽 벽에서 희뿌연 방역가스가 분출될 것 같은 분위기였다. 불안한 걸음으로 유리문을 밀고 밖으로 나서는 순간 불길한 예감은 현실이 되었다. 밖으로 나올 수는 있지만 되돌아갈 수는 없는 문이었던 것이다. 되돌아가기 위해 문을 밀어보았지만 꼼짝도 하지 않는다. 일행이 저쪽에서 기다릴 텐데 어떻게든 돌아갈 방법을 찾아야했다. 위쪽으로 올라가면 길이 나올 것 같아 계단을 올라가 봤지만 안으로 들어가는 문은 잠겨있다. 일단 화장실이 급했으니 변기에 앉아 신중히 생각했다. 공항 직원에게 사정을 설명하면 안으로 들어가는 문을 열어주지 않을까. 그렇다면 뭐라고 말하지. '일행이 저기 있어요. 난 저 안으로 가야만해요' 이렇게 말하면 될까. 마음속으로 영어 문장을 썼다가 고치며 몇 번을 되뇌었다. 그리고 직원을 찾아 사정을 설명하려 했다. 공항 직원은 내가 화장실에서 열심히 연습한 영어를 써볼 틈도 없이 내 얼굴을 보자마자 보안 검색대로 가라고 말했다. 여기서 환승 비행기를 타려면 다시 공항 검색대를 통과해야만 한다는 것이다. 검색대를 통과하는 것은 일이 아니었으나 나를 기다리고 있을 일행이 걱정 되었다. 분명 우리가 헤어진 그곳에서 오도 가도 못 하고 나를 기다리고 있을 터였다. 혹시 와이파이가 잡힐까 싶어 휴대폰을 켜봤지만 연결되지 않는다. 혹시나 하는 마음에 돌아갈 수 없는 그 유리문으로 다시 가봤다. 아! 추야와 화란이 문 너머로 다가오는 것이 보인다. 반가운 마음에 유리문 쪽으로 달려가 손을 흔들었고 화란은 성큼 유리문을 밀고 들어오려 했다. 나는 팔을 엑스자로 휘저으며 들어오면 안 된다고 말했고 추야는 나의 절박한 신호를 읽었는지 그 자리에서 멈췄지만 화란은 이미 돌아올 수 없는 문을 통과하고 있었다.

"화란, 이 문을 통과하면 다시 돌아갈 수 없어." 나의 말에 화란이 눈을 크게 뜬다.
"뭐야?"
"공항 검색대를 다시 통과해야한대."
"그럼 그러지 뭐."

쿨한 화란의 대답에 마음이 편해졌다. 추야와는 위에서 만나자고 수신호를 보낸 뒤 공항 검색대를 통과했다. 신발을 벗고 가방에 있는 노트북을 꺼내야 하는 귀찮은 과정이었지만 무사히 통과했고 푹신한 소파가 있는 휴게실도 찾을 수 있었다. 휴게실에서는 와이파이가 연결되어서 추야와 연락도 닿았다. 추야가 땀을 뻘뻘 흘리며 휴게실로 찾아왔다. 아! 내가 잠깐 화장실 다녀오겠다고 두고 간 짐까지 추야가 챙겨서 들고 오고 있었던 것이다. 그때의 감격스러움과 고마움을 어찌 표현할 수 있을까. 항상 그랬다. 누군가가 덜렁대고 무언가를 흘리면 누군가가 꼼꼼해져 뒤를 챙겼고 누군가가 우유부단해지면 누군가는 단호해져서 결정을 내렸다. 그렇다. 우리는 괜찮은 팀이었다.

—— 소리아

에 필 로 그

소리아 ── 드래그 더 블루스 일요일 저녁의 일이다. 파티 장소로 떠나기 전 각자 치장을 시작한다. 마지막 날이니 만큼 평소 보다는 좀 더 예쁘게 보이고 싶었다. 드레스를 골라 입고 머리를 올린다. 이전까진 귀찮다며 화장도 마다했는데 그날만큼은 추야 원장님께 부탁해 메이크업도 받았다. 모두의 준비가 끝날 때까지 기다리는 동안 화란이 단편 소설을 소리내어 읽기 시작했다. 무료로 배포된 E-Book에 있는 단편 중에 있는 하나였다. 심드렁하게 화란의 낭독을 듣던 우리는 어느새 이야기 속에 푹 빠졌다. 물 안개가 피어오르고 방 한 가운데에 강을 건너려는 남자와 배를 운행하는 노인이 나타났다. 이제 우리는 어떤 색의 립스틱이 오늘의 의상에 어울릴 지 보다 남자가 노인에게 어떻게 뱃삯을 치를지가 더 궁금해졌다.

이 소설이 어떻게 끝나는지는 기억나지 않는다. 아마 잔뜩 기대한 것과 달리 싱겁게 끝맺었을 것이다. 하지만 셋이 한 데 모여 하나의 이야기에 귀 기울이던 순간은 기억한다. 설레며 파티를 준비하고 서로를 꾸며 주고 돌아와 어떤 일이 있었는지에 대해 이야기 나누던, 처음부터 끝까지 함께라서 괜찮았던 순간을 기억한다.

여행을 끝내고 돌아와 일상을 보내던 어느 날, 여행의 순간들이 그리울 때, 그 그리움을 함께 나눌 친구가 있어 좋다는 생각이 들 때가 있다. 스페인에 들고 갔던 손목시계의 시간이 아직도 스페인의 시간을 가리키고 있는 것을 보자 스페인에서 만든 추억들이 갑자기 밀려들었다. 그때 그 여행을 함께한 이들에게 문자를 보낸다. '내 시계는 아직도 스페인 시간이야.' 그러면 우리의 대화방이 그 때의 기억들로 가득 채워진다. 그러면 마치 우리의 여행이 다시 시작된 기분이다. 파티는 끝났지만 우리의 여행은 아직도 한창이다.

화란 —— 손가락만 빨면서 지내다, 없던 일들이 한꺼번에 밀려 정신없이 바빴을 때였다. 여러 거래처의 업무 메일이 한창일 때 낯선 메일이 왔다. 난 당연히 일러스트 의뢰일 줄 알고 일을 받아야 하나 말아야 하나 고민하며 메일을 클릭했다. 메일은 내 예상과는 다른 내용이었다. 소리아가 에어비앤비에서 인터뷰한 기사 내용을 읽고 출판사에서 우리 여행책을 내고 싶다며 연락이 온 것이다. 설마 출판이 될까 하는 호기심에 첫 미팅을 잡았다. 그때 소리아는 다시 포르투갈로 여행을 떠나 한국에 없었다. 추야와 내가 미팅 자리에 나갔다. 출판사에서는 젊은 여자 편집자 넷이 나왔다. 우리는 처음 만난 자리였지만, 오랜만에 만난 친구처럼 신나게 떠들었다. 흥에 겨워 무슨 이야기를 했는지 기억도 안 난다. 구체적인 출간 계획은 소리아가 한국으로 돌아온 한 달 뒤 다시 만나서 정하기로 했다.

집에 돌아와서 외장하드에 저장된 사진 폴더를 열어봤다. 여행할 때는 피곤하고 힘들었는데, 막상 시간이 지나고 나니 그런 감정은 가라앉고, 좋은 기억들만 떠오른다. 유명한 관광지보다는 길을 다니다 쉬었던 작은 공원이 기억에 남는다. 가우디의 스테인드글라스 성당의 빛도 멋있었지만, 레몬나무 잎 사이로 반짝이는 햇살이 문득 생각난다. 여행의 큰 줄기보다 작은 가지들이 일상생활을 하면서 더 많은 자극제가 되어 돌아왔다. 여행하면서 겪었던 그 평범한 순간들이 내 일상생활의 평범함과 겹쳐서 더 많이 생각날지도 모르겠다.

여행을 하기 전 잔뜩 설레다가, 여행을 하면서 내가 이럴려고 여행을 했나 싶다가도 갔다 오면 또 좋은 것들만 생각나서 또 여행을 떠나고 싶다. 여행은 물리적 목적지가 아닌 설렘, 실망, 추억, 다시 설렘을 반복하는 마음 작용인 것 같다.

추야 ─── 책을 쓰는 기분이 묘하다. 우리의 개인적 경험이 누군가에게 재미를 줄 수 있을까? 문득 생각해 봤다. 우리의 여행은 충분히 재미있었지만 이 즐거움들이 남에게 전해질 만큼 내가 글을 잘 쓸 수 있을까 큰 고민을 하면서 이 책을 써내려 갔다. 더 재미있게 썼어야 하는데 하는 아쉬움이 남는다. 내 미남 밝힘을 좀 더 자세히 쓰고 싶었는데…:

여행은 사람을 변하게 해주지는 못한다. 하지만 내가 지금 어떤 것이 필요하고, 어떤 것을 원하고, 어떤 것이 부족한 사람인지를 깨닫게 해준다. 흔히 사용하는 관용구로 여행은 나를 발견하는 시간이라는 표현이 있다. 난 그 문장이 명문이라고 생각한다. 나는 여행에서 매번 다른 나를 만나왔다. 어리석은 자는 방황하고 지혜로운 자는 여행을 떠난다고 했다.
여전히 현실의 나는 변한 것 없다. 나는 여전히 집에서 혼자 그림만 그리고 가끔 춤 추는 게 다인 뻔한 일상을 살아가는 사람이지만. 그래도 이젠 여행이 하고 싶어질 때면, 홀홀 털고 갑자기 여행을 떠날 수 있는 사람이 되었다. 아주 작은 발전이지만 장족의 발전이다.

오늘도 난 작은 방안에서 그림을 그리면서 여행을 계획한다. 다음의 여행지에서 나는 나의 또 다른 면을 발견해 나가겠지.

테마★로 만나는 인문학 여행 ⑩

스윙 마이 스페인 & 포르투갈

스페인 & 포르투갈에 춤추러 가자

1판 1쇄 인쇄 2017년 8월 5일
1판 1쇄 발행 2017년 8월 10일

———

지 은 이 소리아·임화란·추야
발 행 인 이미옥
발 행 처 J&jj
정   가 17,000원
등 록 일 2014년 5월 2일
등록번호 220-90-18139
주   소 (04987) 서울 광진구 능동로 32길 159
전화번호 (02) 447-3157~8
팩스번호 (02) 447-3159

———

ISBN 979-11-86972-24-3 (03920)
J-17-04

J&jj 제이앤
제이제이
www.jnjj.co.kr